Nizza

Monaco • Cannes • Saint-Tropez

Gisela Buddée

MERIAN-TopTen

Höhepunkte, die Sie unbedingt sehen sollten

1. **Cours Saleya in Nizza**
Um die Promenade des Ancien Régime entfaltet die Altstadt noch heute den italienischen Zauber von einst (→ S. 34).

2. **Promenade des Anglais in Nizza**
Auf der einen Seite das Meer, auf der anderen Hotelpaläste der Belle Époque, in der Mitte schattige Sitzplätze (→ S. 34).

3. **MAMAC in Nizza**
Das Museum für moderne Kunst hat es gut: Alles, was es zeigt, wurde auch hier von Künstlern geschaffen (→ S. 35).

4. **Saint-Paul-de-Vence mit der Fondation Maeght**
Eine Pilgerstätte der Moderne oder eine Kunstlandschaft mit Museum (→ S. 42)?

5. **Casino in Monte Carlo**
Fresken, Skulpturen und Onyxsäulen – Charles Garnier, Architekt der Pariser Oper, schuf die berühmte Spielhölle (→ S. 51).

6. **Wachablösung an der Place du Palais in Monaco**
Pünktlich um 11.55 Uhr erlebt man, dass Reichtum Tradition nicht ausschließt (→ S. 54).

7. **Musée Océanographique**
Fische aus allen Meeren der Welt, Forschungslaboratorien und einzigartige Exponate, die vor 100 Jahren schon Albert I. zusammentrug (→ S. 55).

8. **Èze**
Ein herrliches Dorf, der Welt entrückt, mit Burgruine und exotischem Garten (→ S. 57).

9. **La Croisette in Cannes**
Feiner Sand am Strand und prachtvolle Paläste, in deren Suiten eine Nacht ein Vermögen kostet (→ S. 67).

10. **Pampelonne bei Saint-Tropez**
Es gibt keinen schöneren Strand an der Riviera als die fünf Kilometer Sand der Gemeinde Ramatuelle (→ S. 88).

MERIAN-Tipps ⟶
finden Sie auf Seite 128

Inhalt

Erläuterung der Symbole

Für Familien mit Kindern besonders geeignet

Diese Unterkünfte haben behindertengerechte Zimmer

In diesen Unterkünften sind Hunde erlaubt

CREDIT *Alle Kreditkarten werden akzeptiert*

Keine Kreditkarten werden akzeptiert

Preise für eine Übernachtung für 2 Personen im Doppelzimmer ohne Frühstück:

●●●●	*ab 250 €*	●●	*ab 100 €*
●●●	*ab 150 €*	●	*bis 100 €*

Preise für ein Menü mit Vorspeise und Dessert, ohne Getränke:

●●●●	*ab 60 €*	●●	*ab 20 €*
●●●	*ab 35 €*	●	*bis 20 €*

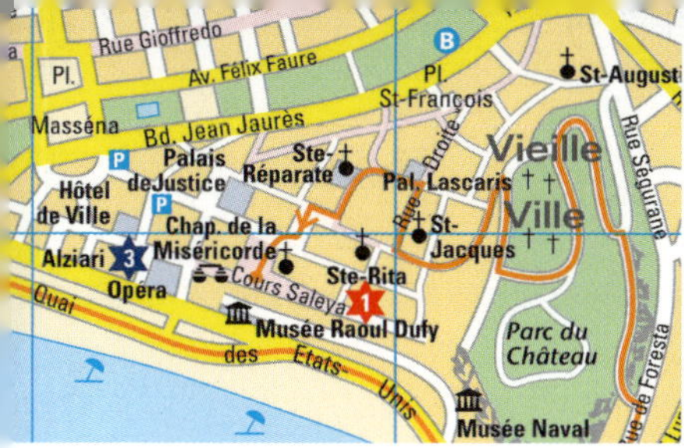

Karten und Pläne

Die Buchstaben Zahlen Kombinationen im Text verweisen auf die Planquadrate der Karten, z. B.

⇢ S. 116, A 4 Kartenatlas
⇢ S. 52, b 2 Detailkarte innen
⇢ Umschlagkarte hinten, d 4

Mit Straßenkarte

Extra MERIAN Quiz

⇢ S. 45

Nizza und die Côte d'Azur stellen sich vor

Blick auf Nizza (→ S. 31) mit der Engelsbucht und der langen Promenade des Anglais (→ S. 34), mit deren Anlage zugereiste Engländer im 19. Jahrhundert aus dem verschlafenen Städtchen einen berühmten Ferienort machten.

Eine traumhafte Landschaft lockt ans Mittelmeer: Von Palmen gesäumte Promenaden, rote Felsen, schneeweiße Hotelpaläste, und auf Schritt und Tritt haben Künstler ihre schönsten Werke hinterlassen.

Die Franzosen sagen wieder Riviera. Das klingt nach Belle Époque und soll es wohl auch. Das war jene Zeit, in der Reisende aus dem Norden im warmen Süden das Ziel ihrer Sehnsüchte entdeckten. Natürlich hat sich in den gut 100 Jahren, seit die schöne Mittelmeerküste um Nizza und Cannes die Sonnensüchtigen aus der Kälte zur Winterreise ans palmengesäumte Meer lockt, manches geändert. Man lebt von Hightech, Industrie und Finanzgeschäften und nicht nur von Blumen, Zitronen und Touristen. Die schönen Orte wachsen zusammen. **Nizza**, die Hauptstadt der Côte d'Azur, ist Mittelpunkt eines Großraums mit 24 Städtchen und Dörfern, die sich in ihrer Entwicklung abstimmen. Aber auch das ist nicht wirklich neu, selbst die Maler, die an die Côte zogen, blieben wohl der Küste, aber nicht einem Ort auf Dauer treu.

Man sitzt auf den Stühlen an der Promenade des Anglais in Nizza und träumt aufs Meer hinaus. Wenn man hier lebte, man könnte vom Blumenmarkt ganze Büsche voller Duft nach Hause tragen. Oder in sein Dorf in die nahen Berge hinauffahren, von dem man die Engelsbucht überblickt. Wer **Cannes** besucht, das sich nicht nur während der Filmfestspiele als adäquate Partnerstadt von Beverly Hills präsentiert, wird sich amüsieren. Natürlich sitzen an der Croisette auch in die Jahre gekommene Playboys, Taugenichtse und Schönlinge, Goldkettchen am bronzebraunen Fuß oder faltigen Hals. Man setzt sich dazu, es ist voll während der Sommermonate, und die Strände sind überfüllt, bis sich abends die Restaurants bevölkern.

Winterhauptstadt Nizza

Aber wer die drei großen Straßen verlässt, die die Küstenorte miteinander verbinden, erlebt eine faszinierende Landschaft. Und die bildschönen Dörfer, die die Atmosphäre der Küste seit jeher mehr bestimmen als die wenigen größeren, aber auch nicht wirklich großen Städte, und die fast schon Vorstädte geworden sind, seit die großen Orte in die Berge ausfransen. Es ist wohl so, dass dieser Kontrast zwischen Trubel und Märchenlandschaft wie der Hauch des Unwirklichen zur Traumregion gehört.

Können Orte unterschiedlicher sein als das steinerne **Monaco**, diese geschlossene Gesellschaft der Reichen auf, in und unter einem Berg, und das kleine **Saint-Tropez** mit dem großen Ruf, das im Herbst wieder zum einsamsten der bekannten Orte zwischen Wind und Wasser wird, wo die Erinnerung an Millionen Sommergäste mit den Herbststürmen verweht? Aber eins wiederholt sich: Überall sind es fünf, zehn, manchmal 20 Kilometer nach Westen oder Osten, einen Berg hinauf, ein Tal hinunter, und schon findet man sich in einer anderen Welt unter schattigen Bäumen, hört Flüsse plätschern und Vögel zwitschern, sieht fantastische Kunstwerke und braucht nicht viel Fantasie, um sich vorzustellen, wie viele Maler mit dem Pinsel um das Licht und die richtigen Farben gerungen haben. Die Werke von Picasso und Matisse, Chagall und Cocteau sind unauslöschlich Teile der Landschaft geworden.

Zur Landschaft gehören auch die Palmen, die so unverkennbar für Süden und Wärme – im Schutz der hohen Berge – stehen. Es waren allerdings die Engländer, die hier 1867 die ersten Experimente mit Samen aus den Übersee-Kolonien machten. Mit der Zeit lief das Geschäft so erfolgreich, dass man Pflanzen in alle Welt exportieren konnte. Weder Olivenbäume noch Weinreben waren ursprünglich hier beheimatet, Griechen und Phönizier hatten sie mitgebracht. Mit den Römern waren Zypressen gekommen und mit den Arabern Johannisbrotbäume. Aus China stammen die Pfirsichbäume, aus Indien die Auberginen und aus Ostasien die Orangen. Mit dem Fremdenverkehr erschienen neue Mitbringsel: südamerikanische Pfefferbäume, Agaven, Opuntien. In großen Büschen wuchern Rosmarin und Thymian in der Garrigue, der Strauchheide, die hier schon zu Beginn des Jahres so betörend duftet. Der sanfte Lavendelduft mischt sich erst später darunter, und auch die Salbeischärfe lässt noch auf sich warten. Aber die Mimosen erwachen bereits Mitte Januar und zaubern bis Ende Februar ein leuchtendes Gelb in den Winter des Massivs von Tanneron.

Wer verstünde nicht die Engländer, die vor den trüben Wintermonaten in der Heimat an diese sanfte Küste flohen? Schon 1776 hatte der schottische Arzt Tobias Smollett Nizza und sein vermeintlich heilkräftiges Klima bekannt gemacht, sodass Begüterte aus gesundheitlichen Gründen die seinerzeit noch recht beschwerliche Reise auf sich nahmen. Zu Ruhm gelangte das Fleckchen Erde jedoch erst ab 1834, als Lord Brougham, ehemaliger Schatzmeister Ihrer Majestät, der Queen von England, unfreiwillig in Cannes strandete. In der Provence wütete die Cholera, an Weiterreise war nicht zu denken. Die Grafschaft Nizza, mit Unterbrechungen 500 Jahre lang im Besitz der Herzöge von Savoyen, wurde erst 1860 französisch.

Die reichen Engländer spendeten Kirchengelder, damit ihnen die Arbeitslosen in Nizza eine Promenade bauten, auf der sie trockenen Fußes ans Meer gelangen konnten. Vom »Camin dei Anglès«, Engländerweg, sprachen die Einheimischen. Aber erst nach Kriegs- und Revolutionswirren ging es richtig los. Eisenbahnlinien entstanden, Luxusvillen und Nobelherbergen wurden gebaut und verwunschene Gärten angelegt. In Monte Carlo feierte man 1878 die Eröffnung des Casinos, und das in Frankreich damals noch verbotene Glücksspiel lockte Winter für Winter Könige, Aristokraten, Politiker, Schauspieler, überhaupt Spieler und Spielerinnen jeglicher Art an die Küste. Mit jedem Jahr wuchs die Bedeutung der ehemals wenig bekannten Region.

Luxusvillen, Nobelherbergen und verwunschene Gärten

Blaues Meer und Grün über roten Porphyrfelsen – nirgends ist die Côte d'Azur zwischen Städten und Stränden so abwechslungsreich wie an der Corniche de l'Estérel (→ S. 86).

Als dann der Dichter Stéphen Liégeard – nach heutigen Begriffen eher ein Klatschkolumnist – 1887 einen Roman über die Hautevolée an der Küste schrieb, nannte er die Gegend »Côte d'Azur«. Damit hatte der Landstrich endgültig seinen Namen. Schon war Nizza Winterhauptstadt des Britischen Empire und feierte seine Belle Époque. Nach dem Ersten Weltkrieg begannen die verrückten Jahre des Dolce Vita der Milliardäre. US-Soldaten hatten die Mär von der aufregenden Küste nach Hause getragen. Der Jazzmusiker Cole Porter gehörte zu den Ersten, die sich am Cap d'Antibes einquartierten. Die Murphys, reiche Amerikaner, folgten und badeten, im Wasser und in der Sonne. Von nun an, man schrieb 1923, trug man Braun statt Blass.

Maler kamen und blieben

Alles ist gegenwärtig, mehr in Geschichten als in Geschichte, ein Mosaik aus Namen und Anekdoten, über die neugierige Côte-d'Azur-Besucher allenthalben stolpern. Geradezu arm dagegen ist die Region, die vermutlich die ältesten Siedlungen der Menschheit besaß, an antiken Schätzen. Und doch siedelten hier Griechen und Römer, und Sarazenen waren im Massif des Maures zu Hause, das seinen Namen nicht den Mauren, sondern dem provenzalischen Wort »maoura« = »dunkles Holz« verdankt. Aber es fehlte an größeren Städten, es gab keine kunstsinnigen Höfe, die ihren Reichtum wie in der westlichen Provence in Stein manifestierten. Die Fischer an der Küste waren und blieben arm wie die Bauern im Landesinneren. Die wenigen alten Schlösser, Burgen und üppig geschmückten Barockkirchen fallen gegenüber den Villen, Gärten und Residenzen, hauptsächlich des 19. Jahrhunderts, und gegenüber den Kunstzentren kaum ins Gewicht.

Während die Reichen zwischen Cannes und Nizza feierten, entwickelte sich in Saint-Tropez um Paul Signac ein Zentrum der Malerei. Und 1925 verliebte sich die Schriftstellerin Colette, bis dahin der Bretagne verbunden, in ein Häuschen im Weinfeld hinter Oleanderbüschen, die ihre Blumensträuße, wie sie schrieb, Vorübergehenden entgegenstreckten.

Die von Mauern aus dem 17. Jahrhundert umgebene Burgruine im Dorf Èze (→ S. 57) ist ein beliebtes Ausflugsziel an der mittleren Corniche.

Ihre nicht minder berühmten Freunde folgten ihr an die Küste: Antoine de Saint-Exupéry, Jean Cocteau, Lucien Guitry ... Aber auch weniger Berühmte und Betuchte kamen: Denn ab 1936 wurde in Frankreich bezahlter Urlaub eingeführt.

Wieder unterbrach ein Krieg das schöne Leben. Danach, 1946, kam Pablo Picasso nach Antibes, Krieg und Frieden blieben trotz wiederkehrender Lebensfreude sein Thema – er schuf das Monumentalwerk »La Guerre et la Paix« in der Kapelle von Vallauris. Henri Matisse malte die Kapelle in Vence aus, und Marc Chagall schuf seine »Biblische Botschaft« – heute noch überaus faszinierende Orte für Kunstpilger. Nach Saint-Tropez zog die immer noch berühmteste Bewohnerin, Brigitte Bardot. Und auf den roten Stühlen des Café Sénéquier sitzt und sinniert man heute noch wie einst Jean-Paul Sartre.

Das Hinterland war klein geworden, die »villages perchés«, Dörfer wie aus dem Fels gewachsen, waren verlassen. An der Küste setzte man auf Tourismus; das hat die Küste verändert. Neben Nobelhotels sind Geschäfts- und Kongresszentren entstanden. Die Promenade des Anglais gleicht bisweilen einer Stadtautobahn, die Küstenorte dehnen sich aus, und manche befürchten, es werde keine zehn Jahre mehr dauern, und die ganze Côte d'Azur werde ein einziger Ort sein. Tatsächlich füllen Feriensiedlungen, neue Quartiere für Zweitwohnungen, Küsten- und Strandviertel der Bergdörfer streckenweise die letzten freien Landschaftsräume.

Das Hinterland – von Nizza aus sind es keine 50 Kilometer, bis man über 3000 Meter Höhe erreicht – hat sich wieder belebt. Einige Orte wie **Sainte-Agnès**, saniert, aufgeputzt und voller Kunsthandwerkerläden, erinnern im Sommer fast an Basare. Andere wie das viel besuchte **Peillon** scheinen sich selbst treu geblieben zu sein. Es gibt wie in früheren Zeiten Lebensmittelläden und Bäcker, und die Dorfkneipen sind wieder geöffnet. Wäsche flattert neben mittelalterlichen Waschhäusern im Wind. Im Sommer trifft man sich in den Dorfkirchen zu Musikabenden.

Im **Mercantour-Nationalpark** im Norden von Nizza und Menton pilgern Gruppen zu uralten Felszeichnungen, als ob sie erst gestern entdeckt worden wären. Wanderer tauschen Informationen über Schwierigkeit und Länge von Strecken aus, die auch schon mal mit Hängebrücken und Felshaken überraschen. Das faszinierende Hinterland, das sich abrupt von der Küste die Seealpen hinauf erhebt, stößt bei Fremden zunehmend auf Interesse. Doch vom Massentourismus am Meer ist hier, nur eine halbe Autostunde entfernt, noch nichts zu spüren.

Aber längst lebt die Côte d'Azur nicht nur vom Fremdenverkehr. Nizza ist der nach Paris zweitgrößte Flughafen Frankreichs geworden. Ihn nutzen nicht nur Urlauber, Festival- und Kongressteilnehmer, sondern auch Computerfachleute, die den kürzesten Weg zum Innovationspark Sophia-Antipolis bei Valbonne wählen. Politiker schwärmen in diesem Zusammenhang schon vom »Silicon Valley Frankreichs«, von der Zentrale der weißen, der Hightech-Industrie.

Liebhaber der Côte d'Azur nutzen gerne, wie ihre Entdecker, die Vor- und Nachsaison. Dann hört man im Estérel-Gebirge die Vögel zwitschern, sieht im Mauren-Massiv die Eidechsen über warme Steine flitzen. Die »Socca«-Verkäuferin in der Markthalle von Menton hat Zeit für einen Schwatz, und der Blumenmarkt in Nizza ist fest in einheimischer Hand: Man hört es an der ganz eigenen Sprache, die fast wie eine Mischung aus Französisch und Italienisch klingt. Gut, der Fahrstuhl auf den Schlossberg von Nizza ist vielleicht nicht in Betrieb, aber daneben führt eine Treppe hinauf.

Gewusst wo ...

Schon früh im Jahr sind die Abende so warm, dass man zum Essen draußen auf den Terrassen sitzen möchte wie hier in den Gassen von Saint-Tropez (→ S. 81).

Urlaub an der Côte d’Azur: in stilvollen Palästen der Belle Époque logieren, speisen wie Gott in Frankreich, in edlen Boutiquen stöbern und bei ausgelassenen Festen zu Gast sein …

Übernachten

Soll es die Luxusresidenz an der Strandpromenade oder lieber die versteckte Villa im Hinterland sein?

Das Negresco in Nizza ist mehr Denkmal und Museum als Hotel – und mancher seiner Gäste auch. Aber selbst an schönen, bezahlbaren Unterkünften ist kein Mangel (→ S. 31).

Die Sommergäste sind launisch. Werden dieses Jahr 75 Mio. Übernachtungen gezählt oder 100 Mio.? Werden mehr Franzosen kommen oder wächst die Zahl der Besucher aus Russland? Bekannte Designer waren in den vergangenen Jahren gefragt, wenn es um die Neugestaltung ehrwürdiger, aber auch altersgrauer Hotels ging. Billigflüge, die Nähe Nizzas zu Cannes, Monaco oder Saint-Tropez , die kurzen Wege in die schönen Dörfer fordern die Konkurrenz heraus. Mit dem Hi Hotel (→ MERIAN-Tipp, S. 32) hat Nizza das erste Designer-Hotel als ganz moderne Bleibe, das zudem mit einer »Bio-Cantine« schockt.

Die Saison im Süden beginnt – zaghaft – mit dem Karneval in Nizza und dem Zitronenfest in Menton im Februar. Aber muss man nun für Mittelmeerreisen im Sommer bei spätem Entschluss sein eigenes Bett mit auf die Reise nehmen oder doch besser langfristig planen? Wer »le Grand Bleu«, das tintenblaue Meer, vor dem Frühstück sehen will oder kurze Wege zum Strand schätzt, täte sicher gut daran. Aber die Auswertung der erfolgreichsten Saison seit Jahren oder Jahrzehnten verschweigt auch nicht, dass nur vier von 163 Gemeinden 71 % der Feriengäste beherbergten, während alle anderen sich mit 29 % des »touristischen Mannas« begnügen mussten. Das heißt, es gibt immer Platz. Und wenn nicht gerade Sommer ist, sinken die Hotelkosten an manchem Ort um die Hälfte!

Viele Hotels sind zu Residenzen (»résidences«) umgebaut worden, in denen man sich üblicherweise für eine Woche, einen Monat, gar einen Sommer einmietet – jedoch nicht für eine Nacht. Dasselbe gilt für Feriendörfer und -zentren (»villages de vacances«, »centres de vacances«). Ferienwohnungen und -häuser (»appartements meublés«, »villas meublées«) können es nach Lage und Preisklasse mit guten Hotels aufnehmen, und auch Ferien auf dem Bauernhof (»ferme auberge«, »ferme de séjour«) gewinnen zunehmend an Attraktivität. Landschaftlich schön – und meist in mittlerer Preisklasse – liegen fast immer die Familienbetriebe der Hotelkette »Logis de France«. Die Zimmerausstattung vieler Häuser (mit bis zu zwei Sternen) verrät oft, dass hier seit der Belle Époque vermietet wird.

Das **Comité Régional du Tourisme Riviera – Côte d'Azur** (→ S. 110) verschickt Verzeichnisse von Hotels, Ferienzentren und Campingplätzen. Das Verzeichnis »Logis de France« gibt es im Buchhandel und bei der:

Fédération Régional des Logis C.R.C.I.
8, rue Neuve-St-Martin, 13222 Marseille Cedex 01; Tel. 04 91 14 42 00; www.logis-de-france.fr

Gîtes de France informiert über Unterkünfte auf dem Land (»gîtes rurals«), Zimmer mit Frühstück (»chambres d'hôte«), kleine Restaurationsbetriebe, gelegentlich mit Zimmern (»tables d'hôte«), Wanderhütten (»gîtes d'étape«) und Campingmöglichkeiten auf dem Bauernhof (»gîtes Camping-Caravaning à la ferme«).

Gîtes de France Alpes-Maritimes
Umschlagkarte hinten, b 5
55/57, promenade des Anglais, 06011 Nice Cedex 1; Tel. 04 92 15 21 30, Fax 04 93 37 48 00

Gîtes de France Var
Rond-point du 04/12/1974, 83006 Draguignan Cedex; Tel. 04 94 50 93 91, Fax 04 94 50 93 90; www.gites-de-france.fr

Zum Glück gibt es kein umfassendes Verzeichnis für die »tables d'hôte«, die in Frankreich als Geheimtipps weitergereicht werden. Meist sind sie zu klein, um Restaurant zu sein. Und mit zwei bis drei Zimmern sind sie auch keine Hotels. Sie liegen fast immer auf dem Land. So eine schöne Herberge zufällig zu finden kann den Urlaub zum Abenteuer machen.

Empfehlenswerte Hotels und andere Unterkünfte finden Sie jeweils bei den Orten im Kapitel »Unterwegs in Nizza und an der Côte d'Azur«.

Essen und Trinken

Kenner schwören auf ländliche Gerichte wie »Pistou«, »Socca« oder »Mesclun« – dazu edler Wein.

Man nehme ein Hähnchen, Rosmarin, Kapern und Oliven – Knoblauch nicht vergessen! –, und bald duftet das provenzalische Menü verführerisch auf dem Tisch.

Döner in Nizza und überall Pizza – isst Gott in Frankreich nicht mehr an der Küste? Kein Grund zur Beunruhigung. In der Altstadt von Nizza und neben der Markthalle in Menton dampft in Riesenpfannen der »socca« genannte Kuchen aus Kichererbsenmehl, von dem man sich eine Portion abschneiden lässt, um dann festzustellen, wie überaus nahrhaft so ein kleiner Imbiss sein kann.

Wann genau es war, dass die Restaurantbesitzer im ganzen Land Verständnis dafür entwickelten, dass Menschen auch im Urlaub nicht mittags und abends mindestens dreigängige Menüs bewältigen mochten, ist umstritten. Fest steht: Wer lieber nur einen Gang essen möchte, wird heute, anders als noch vor einigen Jahren, nur noch selten unfreundlich bedient. Ein »plat du jour«, ein Tagesgericht aus einem, höchstens zwei Gängen, gehört zum küstenweiten Angebot und wird auch in den Bergdörfern serviert.

Die über Frankreich hinaus am bekanntesten gewordene Spezialität der Côte d'Azur ist ein bemerkenswert einfaches und auch in Nizza nach wie vor beliebtes Gericht, der **Salat »niçoise«**, nur Rohkost, grüne Salatblätter, Tomaten, schwarze Oliven und dazu Tunfisch, gekochtes Ei und Anchovisfilet. Nur mit etwas Öl ist das Ganze angemacht, und die Tomaten dürfen ordentlich gesalzen sein. Keinesfalls gehört Essig dazu. In der »salade niçoise« erkennt man das »pan bagnat« wieder.

Spezialitäten aus Nizza

Das mit Salat gefüllte Baguette ist für den Strandbesuch erfunden worden. Für den kleinen Hunger zwischendurch reicht auch eine »pissaladière«, ein Zwiebelkuchen mit Sardellenpüree (»pissala«) und schwarzen Oliven. In Nizza, dem übrigens einzigen Küstenort, der eine ganz eigene Küche geprägt hat (»nissart« – man findet den Begriff auch im Namen von Restaurants), wird man auch auf die »tourte de blettes« stoßen, einen salzigen Kuchen, mit Mangoldblättern, Mandeln, Pinienkernen oder Korinthen belegt.

Das klingt sehr nach Kurz- und Schnellimbiss? Man muss sich eben durch den Tag probieren, wird vielleicht auf einem der zauberhaften Märkte schon schwach (und satt), hat Oliven und Käse, Melonen und Weintrauben gekostet, gekauft und vielleicht zum Picknick ans Meer oder unter einen schattigen Baum getragen. Vielleicht sind sogar »violets« dabei, ganz junge Artischocken, die man roh essen kann. Oder »beignets de courgettes«? Das sind die gelben Zucchiniblüten, die in manch feinem Restaurant auch den Salatteller schmücken, hier werden sie allerdings in eine Art Krapfenteig getaucht und ausgebacken.

Mediterrane Menü-Träume

Aber irgendwann sinkt die Sonne ins Meer oder hinter die Berge, und die Zeiger der Uhr bewegen sich auf halb acht zu. Und wer dann keinen Tisch hat reservieren lassen, wird sich besonders in der Hochsaison nach einer vielleicht noch geöffneten Imbissbude umsehen müssen. Die anderen genießen beim Apéritif schon einmal die Vorfreude, die eine gut sortierte Speisekarte weckt. Als Vorspeise »mesclun«? Das ist ein herzhaft schmeckender Salat mit Rauke und Löwenzahn. Oder doch lieber »petit farcis«? Damit sind kleine Tomaten, Zucchini oder Artischockenböden gemeint, mit einer köstlichen Hackfleischmischung gefüllt und gratiniert.

»Pistou« enthält Basilikum und erinnert Freunde der italienischen Küche an »pesto«, verfeinert somit als Paste, mit Knoblauch und Olivenöl gemischt, die Gemüsesuppe. Zur Fischsuppe gibt es Croûtons, Knoblauchzehen (zum Einreiben des gerösteten Brotes), geriebenen Käse und ein Schälchen »rouille«, eine mit Piment und Knoblauch abgeschmeckte Mayonnaise. Man streicht sie auf die eingeriebenen Croûtons, bevor man den Käse darauf streut und dann die Suppe über das Ganze gießt. Es sieht ja nicht gerade edel aus, wie es miteinander verschmilzt und zerfällt – aber was für ein himmlischer Geschmack!

Bouillabaisse wird selten angeboten und wenn, muss man sie meist vorbestellen. Die Edelfischsuppe ist teuer. Die **Marmite de pêcheur**, der Kochtopf des Fischers, ist eine Variante der Bouillabaisse, doch längst vorbei sind die Zeiten, als Einheimische mit ihren Fischerbooten aufs Meer hinausfuhren, um die wohlschmeckenden Felsenfische frisch auf den Markt zu bringen.

»Dorade« und »rougets« schwimmen im Mittelmeer, jedoch in Zuchtanlagen. Die meisten an der Côte d'Azur verkauften Fische kommen viel sagenderweise aus dem Atlantik.

Ravioli und **Gnocchi** stammen fast immer aus hauseigener Produktion. Wie wäre es mit »tripes à la niçoise«? Ein Kuttelgericht (Innereien), das mit viel Knoblauch, Tomaten und Möhren zubereitet wird. »Estoficada« heißt das mit Tomaten zubereitete Stockfischragout. Wunderbar frische Forellen (»truites«) kommen aus den Gebirgsflüssen, und auch die Lammkeule (»gigot«) hat ihren würzigen Geschmack von den Bergwiesen bei Sisteron.

Fast immer ist es preiswerter, ein **Menü** zu bestellen, zumal man bei jedem Gang die Auswahl zwischen mehreren Vorschlägen hat. Das ist

Exquisite Fischgerichte

nicht nur günstiger für die Urlaubskasse, sondern auch für Magen und Linie – die Portionen sind kaum so groß, dass man etwa vor dem Dessert schon aufgeben müsste.

Viel Rosé wird dazu getrunken, selten Weißwein – ein köstlicher kommt aus Cassis –, immer wieder roter, aus dem Rhônetal, aus Burgund, aus der Umgebung, und dann wird er unter der Bezeichnung **Côte de Provence** angeboten.

Die Griechen haben die provenzalische **Weinkultur** vor unserer Zeitrechnung aus der Taufe gehoben, die Römer haben sie fortgesetzt. Im Mittelalter überschritt die Reputation des provenzalischen Weins bereits die Grenzen: Man trank ihn auch am Hof zu London. Im 17. und 18. Jh. schätzten die französischen Könige ihn gleichermaßen. Als im 20. Jh. der Tourismus die Küste eroberte, errang der Côte de Provence schnell eine Spitzenposition, erst bei hochwohlgeborenen Konsumenten und allmählich auch beim gemeinen Volk.

Auf etwa 180 000 ha provenzalischen Grundes wächst der Wein, der mit AOC (Appellation d'Origine Contrôlée) ausgezeichnet ist. Die Anbaugebiete reichen von der Rhône-Mündung bis zu den Seealpen, und jede Region – von Sainte-Victoire über Haut-Var, von der Ebene bis zum Saum des Mauren-Massivs – steht für

Erlesene Weine

einen eigenen Geschmack. Angebaut werden für Rot- und Roséweine Grenache, Syrah, Cinsault, Cabernet, Carignan, Mourvèdre und Tibouren, für die Weißweine Rolle, Sémillon, Ugni-Blanc und Clairette.

Den Wein aus der Umgebung kann man oft auch offen im Krug, »en pichet«, bestellen. Franzosen bitten im Allgemeinen um Wasser dazu, »de l'eau plat« oder »en caraffe«, wobei sich in der Karaffe dann Leitungswasser befindet. Wer Gelegenheit hat, einen **Vin de Bellet** zu probieren, sollte diese nicht versäumen. Etwa ein Dutzend Weinbauern pflegen eines der ältesten französischen Weinanbaugebiete, das ver-

Im La Colombe d'Or in Saint-Paul-de-Vence wurde einst das Hochzeitsmenü für Simone Signoret und Yves Montand serviert.

mutlich seit mehr als 2000 Jahren existiert. Im 19. Jh. war die Anbaufläche noch über 1000 ha groß. Doch andere Interessen bedrohten sie von allen Seiten, sodass sie immer kleiner wurde. Heute sind es gerade einmal 650 ha, etwa 50 davon in Terrassen kultiviert, auf denen der seit 1941 mit dem Gütezeichen AOC ausgezeichnete Wein gedeiht.

Jetzt fehlt noch der **Espresso** (»café«!) nach dem Essen. Zum Frühstück (»petit déjeuner«) gibt es Kaffee oder Milchkaffee (»café au lait«), Croissant und Brot, ein Stück Butter und Marmelade.

Das Mittagessen (»déjeuner«) findet in Restaurants zwischen 12.30 und 15 Uhr statt, zur Zeit des Abendessens (»dîner«) zwischen 19.30 und 22 Uhr sind die Staßen häufig leer.

La Colombe d'Or, »Zur Goldenen Taube«, nennt sich der einst bescheidene Landgasthof am Dorfeingang von Saint-Paul-de-Vence, der 1925 noch »Zum Robinson« hieß. Damals kamen hier dann und wann ein paar kaum bekannte Maler von der Küste herauf, zum Beispiel Paul Signac oder Soutine ... Der Sohn des Gastwirts, Paul Roux, mag er nun kunstsinnig oder geschäftstüchtig gewesen sein, schätzte die jungen Talente. Papa machte das Gasthaus zum Hotel, nannte es »Goldene Taube« und lud wichtige Leute und Journalisten ein. Und natürlich seine Freunde, die Maler, die von ihm – fast unentgeltlich – beherbergt wurden: Nur ein Bild mussten sie ihm überlassen. Paul Roux starb 1953, aber seine Nachfolger haben die Legende erhalten. Die »Taube« ist allerdings auch sehr luxuriös, was die Preise betrifft (Pl. du Général de Gaulle, St-Paul-de-Vence; Tel. 04 93 32 80 02; Nov.–20. Dez. geschl. ●●●● CREDIT).

Weitere empfehlenswerte Restaurants und andere Lokale finden Sie jeweils bei den Orten im Kapitel »Unterwegs in Nizza und an der Côte d'Azur«.

Einkaufen

Seifen, Blumen, Öle oder frische Lebensmittel vom Markt? Die Düfte des Südens locken ...

Der Markt in Antibes (→ S. 70) ist mehr als das üppige Angebot an Obst und Gemüse, er ist der rechte Ort für den ungezwungenen Plausch am Vormittag.

Wer das Feriengefühl noch ein wenig bewahren will, findet eine Fülle von Mitbringseln wie duftende Gewürze, Öle, Kräuter oder Blumen. Pflanzen kann man sich auch nach Hause schicken lassen, zum Beispiel von **Constans & Fils** in Antibes. Man muss sich also nicht sorgen, ob die Rosen den Urlaub überstehen, man empfängt sie zu Hause. Gartenmohn und Löwenzahn und den köstlichen Wein de Bellet darf man nach einem Besuch bei **Massa Horticulture** aus Nizza entführen.

Wer wissen möchte, wie es früher an der schönen Küste ausgesehen hat, wird vielleicht in Antiquariaten fündig. **La Source**, die Quelle, heißt eine Fundgrube für Liebhaber antiker Bücher in Nizza (5, rue Bonaparte), 1931 gegründet. Sogar die erste Veröffentlichung über die Hauptstadt der Côte d'Azur von 1658, »Nicae civitas« von Gioffredo, wird hier angeboten. Der Käufer müsste allerdings ein gut gefülltes Portemonnaie mitbringen.

Naschkatzen sollten sich bei den Zuckerwarenfabrikanten umsehen, in der **Maison Auer** in Nizza, in der **Confiserie Florian** in Tourrettes-sur-Loup oder bei **Maiffret** in Cannes. Und wer schon in Tourrettes ist, wird bei der **Ferme des Courmettes** ins Staunen darüber geraten, wie viele Sorten Ziegenkäse es gibt: »nature frais«, »au Pistou«, »à la pâte d'olive«, »poivre« ...

Das Sprudeln der unzähligen Dorfbrunnen ist in den **Gläsern von Biot** eingefangen – nur kleine unregelmäßige Luftblasen, als Fehler in der Produktion entstanden und längst zur einheimischen Kunst erhoben.

Kunsthandwerk für den Hausgebrauch

Handfester geht es in Vallauris bei der Töpferei **Madoura** zu, Picasso hat hier schon gelernt! Dass Keramik anders sein kann als das, was Töpferlehrlinge nach dem Volkshochschulkurs präsentieren, hat man gewusst. Die Galerie beeindruckt dennoch. Glücklicherweise werden Kreditkarten akzeptiert.

Praktische Menschen, die zudem Schönes lieben, erliegen den Verführungen bei **Alziari** in Nizza (→ MERIAN-Tipp, S. 37). Neben Seifen und Tapenaden (Olivenpüree) locken erlesene Öle, »Vierge Extra« natürlich aus der ersten kalten Pressung, und – das ist das Schönste – man kann sie sich in bunt bedruckte Blechdosen, rund oder viereckig, abfüllen lassen.

Duftende Mitbringsel

Wer will, kann sich sein duftendes Mitbringsel auch selber zurechtmischen, »sur place«, wie man so sagt. Dazu lädt jedenfalls das Parfumhaus **Galimard** in Grasse ein. Wie schwer es doch ist, einen leichten Duft zu kreieren! Zum Glück steht stets eine gelernte »Nase« zur Unterstützung bereit.

La Tropézienne heißt ein zierliches Sandalettchen aus Saint-Tropez. Fast nichts dran, aber das Nichts hat seinen Preis.

Es gibt kein Ladenschlussgesetz in Frankreich, aber eine 35-Stunden-Woche. Da der Sonnabend ein normaler Werktag ist, bleiben Montagvormittags fast alle Läden zu. Die Öffnungszeiten variieren ein bisschen, abhängig von Saison und Klima. Man öffnet um 9 oder 10 Uhr die Pforten und schließt um 19 Uhr, lässt in Urlaubsorten und in den größeren Städten gelegentlich die Mittagspause (12.30 bis 14.30, 15, 16 Uhr) ausfallen – zumindest im Juli und August. Die Supermärkte an der Peripherie sind bis 22 Uhr geöffnet. Brot und Lebensmittel kann man auch am Sonntagvormittag kaufen.

Empfehlenswerte Geschäfte und Märkte finden Sie jeweils bei den Orten im Kapitel »Unterwegs in Nizza und an der Côte d'Azur«.

Feste und Events

Der Veranstaltungskalender ist prall gefüllt – vom Mimosenfest und dem Karneval bis zur Weinlese.

Der Karneval in Nizza im Februar ist seit Jahrhunderten für seine Besucher in erster Linie eine gigantische Blumenparade mit reich geschmückten Wagen.

Die **Filmfestspiele in Cannes** kennt auch, wer noch nie dort gewesen ist. Und vom **Karneval in Nizza** hat man vielleicht auch schon gehört. Aber das ist nicht alles: Mehr als 3000 kulturelle Veranstaltungen, mehr als hundert Festivals, an die tausend Konzerte unterhalten die Besucher von Januar bis Dezember.

Die Zahl der historischen Feste ist in diesem Landstrich nicht besonders groß, die der religiösen überschaubar. Das mag daran liegen, dass sich die Côte d'Azur schon so lange als Feriengebiet versteht, das seinen Gästen Zerstreuung anbieten will. Was nicht zu der Annahme führen soll, nur Oberflächliches und schöner Schein würden präsentiert. Aber man kann den Interessen der Besucher doch entgegenkommen: Hinter »Kunstsalons« verbergen sich in erster Linie Antiquitätenmessen, Bücherfeste werden in der Vor- und Nachsaison veranstaltet, Kunsthandwerk wird auch in der Saison ausgestellt. Gärten und Parks locken von März bis September zum Augenschmaus. Nicht nur Wein und Oliven, auch Erdbeeren, Orangenbaum, Honig und Himbeeren, Pilze, Kastanien, Schokolade und sogar Brot werden zur Grundlage gastronomischer Feste. So gibt es etwa das **Zitronenfest** im Grenzstädtchen Menton.

Und manch einem ist ohnehin jeder Tag, den er an diesem Küstenstrich verbringen darf, ein Fest.

Januar

Rallye Automobile

Als »Rallye Monte Carlo« ist der Automobilzirkus international bekannt geworden. 1911 fand die bekannteste Rallye der Welt zum ersten Mal statt.

Ende Januar

Zirkus-Festival

Jedes Jahr verkürzen Gaukler und Artisten in Monte Carlo den ohnehin kurzen Winter.

Ende Januar

Februar

Mimosenfest

Mit zarten gelben Blüten in Mandelieu-La Napoule wird der Reigen der Blumenfeste an der Côte d'Azur jedes Jahr eröffnet, dabei kehrt – zumindest in bunten Kostümen – die Belle Époque zurück. Informationen gibt es bei den Touristenbüros.

Karneval

Die Tradition des Karnevals von Nizza reicht bis ins Jahr 1294 zurück. Die Feste überboten sich während der Belle Époque mit immer mondäner und reicher werdenden Blumencorsi, und auf Ballnächten (»véglione«) setzten sich berühmte und gekrönte Häupter in Szene. An Letzteren mangelt es derzeit. Das zwölf Tage dauernde Fest mit Blumen- und Fackelumzügen gehört dennoch zu den Höhepunkten des Jahres. Den farbenprächtigen Umzug am Faschingsdienstag beendet ein bombastisches Feuerwerk (→ MERIAN-Spezial, S. 46).

www.nicecarnaval.com

Zitronenfest

Nein, keine Zitronensäfte und gesunde Rezepte, das Zitronenfest in Menton ist eher ein Augenschmaus. Jedes Jahr steht es unter einem neuen Motto, und mit 200 t Zitrusfrüchten – zu Figuren geformt – wird die Stadt geschmückt, z. B. nach den Fabeln von La Fontaine. Mickey Mouse war auch schon da, wie die Postkarten verraten.

März

»Napoleons Rückkehr«

Der Kaiser kommt. Man erkennt ihn nicht nur am berühmten Dreispitz. Jeden 1. So im März landet er in Vallauris Golfe-Juan zu einem Fest (mit dem nicht gerade leicht zu merkenden Namen **Reconstitution Historique du Débarquement de Napoléon à Golfe-Juan** ...) Sein Schiff liegt schon am Strand, seine Soldaten – und die Bevölkerung – sind eingetroffen. Er kommt von Elba (1815) und wird den

historischen Weg nach Grenoble nehmen. Eigentlich begründet er mit dem Fest jedes Jahr die sagenhafte Route Napoléon neu: In die Umgebung von Grasse geht es, dann auf der RN 85 (neu RD 6085) über die Alpen bis Digne und Grenoble – 324 km, die die Getreuen des Kaisers in sechs Tagen zurückgelegt hatten. Unterwegs sind übrigens die wichtigsten Etappen auf Informationsstationen dargestellt.
www.route-napoleon.com

März/April

Karfreitagsprozessionen
Büßermönche, Vereinigungen von Laien, gibt es seit dem 13. Jh. Man trifft auf eigene Kapellen der verschiedenen »pénitents«, viele davon sind Meisterwerke der Kunst, und neben sozialen Aufgaben (Krankenpflege, Sterbebegleitung, Waisenhilfe) tragen die Büßerorden mit prachtvollen Prozessionen zu religiösen Festen bei.
Ostern, in Nizza, Sospel, St-Etienne-de-Tinée, Tende, La Brigue

Mai

Rosenfest
Züchter aus aller Welt kommen in die Parfümstadt Grasse, in der ein Volksfest zu Ehren der Königin der Blumen (und des Parfüms) gefeiert wird.

Juni

Bravade et Fête des Espagnoles
Es war im Jahr 1637, als vor Saint-Tropez 22 spanische Galeeren versenkt werden konnten, die 30 Jahre lang die Stadt belagert hatten. Das Volksfest aus diesem Anlass wird Jahr für Jahr im Juni in Saint-Tropez wiederholt.
15. Juni

Festins des Limaces
Eine Prozession verschiedener Büßerorden durchzieht das Dorf Èze.

Juli

Les Baroquiales
Jedes Jahr lädt das Barockfestival dazu ein, den Geist der Zeit in den Dörfern und Tälern von Roya und Bévéra kennenzulernen. Das Programm umfasst Ballett-, Gesangs-, Opern-, Konzert- und Theaterveranstaltungen (Tel. 04 93 79 61 35).
Anfang Juli

Jazz
In den Zwanzigerjahren trafen sich an der Küste die bedeutendsten Jazzmusiker. »Dans les rues d'Antibes« machte Sidney Bechet berühmt, der hier geheiratet hat und an den eine Bronzebüste in Juan-les-Pins erinnert. 1960 ist ihm zu Ehren das Internationale Jazzfestival von Juan-les-Pins begründet worden, und so kamen schon Louis Armstrong und Lionel Hampton, Ray Charles und Ella Fitzgerald. Noch immer lockt im Juli »Jazz à Juan«. Die letzten Töne sind noch nicht verklungen, wenn dann in Nizza das Jazzfestival beginnt.

August

Fête de la Poterie
In Vallauris, dort, wo Picasso erst den Umgang mit dem Stoff gelernt hat, aus dem in aller Welt Keramik hergestellt wird, zeigen Töpfer nicht nur Kunstwerke, sondern auch Gebrauchswaren.

September/Oktober

Nioularge
Der Name bezeichnet ein renommiertes Seglertreffen in Saint-Tropez, ist provenzalisch und würde auf Französisch »nid du large« heißen wie die Boje vor dem Strand von Pampelonne. Die schönsten und teuersten Schiffe – um die 250 – präsentieren sich im Herbstwind. Ganz unprosaisch geht es hingegen bei dem Treffen um den »St-Tropez-Cup« zu.

Dezember

Wegen ihrer besonderen Bräuche ist die Côte d'Azur als Teil der Provence ein bevorzugtes Weihnachtsziel, hier beginnen die Weihnachtsvorbereitungen traditionell am 4. Dezember mit unzähligen Märkten für Krippenfiguren, provenzalischen Krippen, Weihnachtswachen mit dem bekannten »großen Nachtmahl« und seinen »13 Desserts« für Jesus und seine zwölf Apostel.

Zu allen Jahreszeiten

Pétanque – mit den Füßen am Boden

Während Feriengäste bei allen Festen und Feierlichkeiten zwangsläufig nur Zuschauer und im besten Fall Gäste sind, beobachten sie im kleinsten Dorf ein tägliches Event, bei dem mancher gern Teilnehmer wäre. Spätestens wenn der Tag sich neigt und bevor es Zeit wird zum abendlichen Apéritif, wird im Süden gespielt, was viele für Boule halten. Es ist Pétanque, und das ist nicht ganz dasselbe. Die Spielregeln variieren, für uns geringfügig, für Franzosen enorm. Der Begriff, seit 1930 etwa in Frankreich üblich, leitet sich vom provenzalischen »ped tanco« (am Boden fixierter Fuß) ab. Die Regeln verlangen, dass der Spieler im Kreis stehen bleibt und die Füße erst dann heben darf, wenn die gespielte Kugel den Boden berührt hat. (Beim Boule verlässt man den Kreis zur Seite oder nach vorne, je nachdem, ob man die Kugeln legt, rollt oder die gegnerischen wegschießt.) Die sonstigen Regeln werden den meisten bekannt sein. Es geht darum, einer kleinen Holzkugel, dem Schweinchen (»cochonnet«, auch »le petit«, »le bouchon«), mit seiner Kugel möglichst nah zu kommen. Oder das Schweinchen so wegzukicken, dass es den Kugeln des eigenen Teams nahe ist.

Man spielt zu Hause gelegentlich Boule (oder Pétanque) und möchte mitspielen. Was tun? Einfach fragen. In regelmäßigen Abständen finden auch örtliche Turniere statt, und mit etwas Glück darf man teilnehmen. Es ist schon besser, seine Mannschaft dann nicht zu blamieren. Das Spiel findet im Normalfall auf unebenem Gelände statt, das bleibt, wie es ist. Man kann es im Spiel erkunden, damit man weiß, wo es abschüssig oder hügelig wird, man sieht das nicht immer ohne weiteres. Der Verlierer zahlt den Apéritif. Aber wenn der Gast gewinnt, sollte er trotzdem die Runde begleichen, es wird nicht bei einem Glas bleiben.

Wer wirkliche Könner erleben will, kann das im August in Cagnes-sur-Mer, wo Spieler mit eckigen Kugeln gegeneinander antreten, tun. Bei Spielflächen mit Steigungen bis 18 % würden sich normale Boulekugeln auf und davon machen (Info bei der Touristinformation).

200 Tonnen Zitrusfrüchte schmücken alljährlich Menton beim Zitronenfest (→ S. 21).

Sport und Strände

Versteckte Buchten oder Golf vor traumhafter Kulisse, dazu Reiten oder Skifahren – alles ist möglich.

Klein und fein oder auch kilometerlang sind die herrlichen Strände rund um den mondänen Ferienort Saint-Tropez (→ S. 81).

Niemals wird man Zeit genug haben, alle Sportarten wenigstens einmal auszuprobieren: zum Schwimmen, Klettern, Surfen, Kanufahren, Segeln, Tauchen, Fliegen, Reiten, Rad fahren, Wandern, Angeln. Sogar Wasserski – schon vergessen, was das war? – läuft man noch, trägt sogar Wettkämpfe aus wie in Roquebrune. Zugegeben, die Strände, die die großen Städte auf so dekorative Weise säumen, bestehen aus groben Kieseln, die das Meer rundgewaschen hat. Die feinsandigen muss man dagegen mancherorts suchen. Der Wind vor der Halbinsel **Giens** bei Hyères verleiht den Surfern der Nachsaison, so scheint es, Flügel.

Nachsichtig belächeln Wanderer in der leisen Welt des **Mercantour-Nationalparks** die Küstenschwärmer. Sie suchen die Zeichen unserer Urahnen in den Felsen und mutmaßen, dass frische Spuren von Wölfen stammen. Gleitschirmflieger schweben über den Bergen. Kletterer taxieren die Wände von **Perthus** und **Roussiveau**. Oder halten in mehr als 800 m Höhe im Hinterland von **Vence** die Luft an, wenn ihnen die ganze Traumküste zu Füßen liegt.

Angeln

Hochseefischen (Antibes, Mandelieu-La Napoule, St-Laurent-du-Var, Villeneuve-Loubet) ist Großfischfang, meist Thun- und Schwertfisch, zwischen 30 und 50 Meilen auf offenem Meer (Auskunft: Tel. 04 91 72 63 96). Die **Binnenfischerei** ist streng geregelt. Verlockend bleiben die Flüsse in den Seealpen dennoch, gehören doch 97 % von 1200 km der Gewässer zur Spitzenklasse. Dazu zählen **Var, Tinée, Vésubie** und **Roya**, die für ihre Forellen bekannt sind. Die lokalen Fremdenverkehrsämter beraten über den jeweiligen Erwerb der Angelerlaubnis. Als Anglerparadies gilt auch der See von **Saint-Cassien** im Naturschutzgebiet von Fondurane (Tel. 04 94 47 75 90).

Fliegen

Das größte europäische Segelflugzentrum liegt in **Fayence**, man kann dort auch das Fliegen lernen (30 Flugzeuge, Kurse Tel. 04 94 76 00 68). Drachen- und Gleitschirmflieger finden ihre Paradiese in den Seealpen. Informationen über Schulen, Verbände, Veranstaltungen erteilt die **Fédération Française de Vol Libre** (Tel. 04 97 03 82 82, Fax 04 97 03 82 83).

Golf

Ein russischer Fürst, Großherzog Michael, hat 1891 den ersten Golfplatz an der Riviera, **Cannes-Mandelieu**, gegründet. Längst liegen mehr als zwei Dutzend – schöne und wunderschöne – Anlagen so nah beieinander, dass allein die schwierige Entscheidung für einen der Golfplätze Tage in Anspruch nehmen könnte. 30 Golfanlagen gibt es an der Küste und im Hinterland, 18 davon sind Kompaktplätze mit eleganten Hotels, Pools, und auch Thalasso-Therapie wird angeboten. Mit dem **Golfpass Provence** (www.golfpass-provence.com) kann man unterschiedliche Plätze jeweils einmal bespielen.

Golf de Roquebrune → S. 117, E 2
Schöne Lage in einem Kiefernwald in den Ausläufern des Maurenmassivs mit Blick auf die Felsen von Roquebrune und vor dem Panorama der Bucht von Fréjus und dem Golf von Saint-Tropez.
18 Löcher, Par 71; Roquebrune-sur-Argens-Les Issambres; Tel. 04 94 19 60 35; www.golf-roquebrune.com

Golf de Sainte-Maxime → S. 117, D 3
65 hügelige ha Land locken die wahren Könner an den spektakulärsten Platz, am Golf von Saint-Tropez, nahe Gassin und Grimaud; 18 Löcher, Par 71, Hotel, Restaurant, Pool, Tennisplatz, Thalassotherapie.
Route du Débarquement, Sainte-Maxime, Tel. 04 94 55 02 02; www.bluegreen.com/sainte-maxime

An der Kreuzung La Garde Freinet im Massif des Maures (→ S. 87) muss man sich entscheiden: hinauf in die Berge oder ans Meer.

Golf de Cap-Estérel → S. 117, E 2
Ein hügeliges Gelände, das wohl eine gewisse Technik erfordert, aber auch noch für Anfänger geeignet ist, die sich beim Spiel nicht fortwährend von dem zauberhaften Blick auf die Bucht von Agay oder die Estérel-Ausläufer ablenken lassen sollten.
Av. du Golf, Saint-Raphael; Tel. 04 94 52 68 30, Fax 04 94 52 68 31; 9 Löcher, Par 29, Hotel, Restaurant, Kinder-Club

Klettern

Alle Schwierigkeitsgrade sind im Hinterland der Küste anzutreffen, und besonders Steilwandkletterer finden zahlreiche Möglichkeiten. Ob im Voralpengebiet von Grasse, im Roya-Tal oder im Nationalpark Mercantour, Namen wie **Cougourde** (2912 m), **Mont Clapier** (3045 m) oder **Ténibre** (3021 m) klingen gut in Bergsteigerohren. Informationen über das regionale Fremdenverkehrsamt (→ S. 110) oder das **Comité Départemental de la Montagne et de l'Escalade** (Tel. 04 93 96 17 43).

Rad fahren

Fahrrad fahren heißt hier meist Mountainbike oder VTT (Vélo Tout Terrain). Allein in den Seealpen sind 65 Strecken ausgewiesen. Unterlagen auch für gemütlichere Strecken (Rundfahrt von **Collobrières**, 83 km; Höhenstraße des **Mauren-Massivs**, 95 km; durch das **Estérel-Massiv**, 65,5 km) gibt es beim Fremdenverkehrsamt des Départements Var (→ S. 110).

Reiten

Im Gebiet von **Grasse** (St-Vallier), im **Estéron-Tal** (Gilette, Séranon) und im **Mercantour** gibt es Bauern- und Reiterhöfe, von denen aus Besucher die Seealpen auf dem Sattel, mit und ohne Führer, erkunden können. Auskunft erteilt das **Comité Départemental d'Equitation de Randonnée** (Tel. 04 93 42 62 98, Fax 04 93 42 64 73).

Strände

Kläranlagen und regelmäßige bakteriologische Kontrollen sorgen für eine gute Wasserqualität. Von 149 Prüfpunkten erreichen zwei Drittel regelmäßig Bestnoten.

Cagnes-sur-Mer → S. 119, D 7
Kiesstrand, 5 km.

Cannes → S. 118, C 8
Aufgeschütteter Sandstrand.

Cap d'Ail → S. 119, E 7
Schöner Küstenweg zu den Stränden vor den Toren Monacos, viel genutzt.

Juan-les-Pins → S. 119, D 8
Schöner, geschützter Sandstrand.

Le Levant → S. 117, D 4
Die Insel (Héliopolis) ist die FKK-Hochburg der Küste.

Mandelieu-La Napoule → S. 117, F 1
Versteckte Buchten, Sandstrände unter Pinien.

Massif des Maures → S. 116/117
Die schönsten Sandstrände der Küste liegen zwischen **Hyères** und **Fréjus** am Fuß des Mauren-Massivs.

Menton → S. 119, E 7
Sand- und Kieselstrände.

Monaco → S. 119, E 7
Heißer Sand, knapper Platz.

Nizza → S. 119, D 7
Viel Kies (7 km). Neben öffentlichen Strandabschnitten immer wieder kostenpflichtige mit (edler) Restauration. Bis Cap d'Antibes auch Felsen.

Saint-Jean-Cap-Ferrat → S. 119, E 7
Meer und Berge treffen hier harmonisch zusammen, in kleinen Einbuchtungen gibt es Sandstrände, auch im Schatten von Pinien.

Saint-Tropez → S. 117, E 3
5 km feiner Sandstrand (**Pampelonne**) zwischen Cap du Pinet und Pointe de Bonne-Terrasse in der Gemeinde Ramatuelle gelegen. Mondän.

Théoule-sur-Mer → S. 117, F 1
Unglaublich feine Sandstrände, kleine Buchten.

Villefranche-sur-Meer → S. 117, E 7
Kleiner Strand, klares Wasser.

Wandern

Ein Netz von Wanderwegen (Markierung gelb-rot) und Fernwanderwegen (GR = Sentiers de Grande Randonnée, Markierung rot-weiß) durchzieht Frankreichs Süden. Allein 4000 km in den Seealpen, unterschiedlich lang, leicht und schwierig, gepflegt und mit Wanderhütten bestellt. Die Serie **Topo Guide** beschreibt sie detailliert, mit Karten, Restaurants und Unterkünften.

Wassersport

An mehr als drei Dutzend Häfen können Kapitäne vor Anker gehen, und in wirklich jedem Küstenort gibt es Angebote zum Segeln, Tauchen, Surfen für Anfänger und Fortgeschrittene. Für Tauchsport-Anfänger ist auch Port-Cros attraktiv: Einführung in die Unterwasserwelt, toll für Tieftaucher ohne Sauerstoff-Flasche.

Wildwassersportler (Canyoning, Rafting, Schwimmen = »nager en eau vive«) finden ihre aufregenden Spielplätze von April (Mai oder Juni, je nach »Wasserlage«, Schneeschmelze etc.) bis Okt. in **Var, Estéron, Loup, Roya** und **Siagne**. Vereine stellen Führer und Ausrüstung, Informationen beim regionalen Fremdenverkehrsamt (→ S. 110) oder beim **Comité Régional de Canoe-Kajak** (Tel. 04 92 00 44 50, Fax 04 93 89 05 33).

Wintersport

Langlauf, Abfahrt, Skiwanderungen und Tiefschneefahren sind eine knappe Stunde vom Strand entfernt möglich. Neben dem Retortendorf **Isola 2000** nördlich des Mercantour gibt es in den Seealpen traditionelle Skigebiete wie **Auron** und **Valberg** (95 km von Nizza), 115 Lifte, 1200 km Piste – und Après-Ski unter Palmen am Meer.

Unterwegs in Nizza und an der Côte d’Azur

Mit dem Sommer kommen auch die tollen Boote, und so ist der Hafen von Saint-Tropez (→ S. 81) für viele eine der wichtigsten Sehenswürdigkeiten an der Côte d’Azur.

Vom mondänen Nizza ist es nur ein Katzensprung in die Film-Metropole Cannes, das Mini-Fürstentum Monaco oder die Parfümstadt Grasse. Jeder dieser Orte hat seinen unverkennbaren Charme.

Nizza und Umgebung

Die Hauptstadt der Côte d’Azur lockt Reisende mit Sonne, Kunst und traumhaftem Umland.

Wer den farbenfrohen Cours Saleya (→ S. 34) nicht erlebt hat, war nicht in Nizza. Hier, auf der Promenade des Ancien Régime, trifft man sich im Café oder Bistro, verweilt an den idyllischen Marktständen oder streift durch die Gassen der Altstadt.

Nizza → S. 119, D 7

400 000 Einwohner
Stadtplan → Umschlagkarte hinten

Für alle, die mit dem Flugzeug an die Côte d'Azur kommen, ist Nizza wenn nicht Mittel- so doch Ausgangspunkt einer Riviera-Reise. Nizza ist keine Touristenstadt, jedenfalls nicht nur, und erweckt auch in den Sommermonaten nicht den Eindruck. 35 % der Bevölkerung des Départements leben in Nizza, davon 25 000 Studenten. Nizza verliert daher außerhalb der Saison nichts von seiner Lebendigkeit und unterhält seine Besucher nicht nur mit unterschiedlichen Museen, sondern auch mit vielfältigen Veranstaltungen. Außerdem locken 7,5 km Strand, 300 ha Grünflächen sowie 150 Brunnen. Die Sonne, so hat man gezählt, scheint 2640 Stunden im Jahr. Mit Zügen und Bussen sind Attraktionen in der Umgebung schnell erreichbar. Drei Traumstraßen, die untere, mittlere und obere Corniche, führen nach Osten.

Im September 2005 wurde der erste Kilometer der Straßenbahnlinie Nr. 1 eingeweiht, neun sollen es insgesamt werden, zudem wird Nizzas Straßenbahn mit Kunstwerken gesäumt. Aus einer Lagerhalle am Boulevard Denis-Séméria entsteht ein Kunstzentrum mit Theater und Ateliers – kurz, die Anlaufstelle für junge Künstler aus der ganzen Region. Das **Museum Masséna**, seit sieben Jahren geschlossen, präsentiert seit 2007 wieder die jüngste Geschichte Nizzas, das **Matisse-Museum** ist renoviert, und das **Palais Lascaris** in der Altstadt wird 2007 als bedeutendstes Instrumentenmuseum nach Paris eröffnet werden. Nizza ist – noch – eine Baustelle und will Europäische Kulturhauptstadt 2013 werden.

Der vermutlich älteste kontinuierlich besiedelte Ort der Menschheit, **Terra Amata**, trägt bis heute lebendige Spuren seiner Geschichte. Zwischen Flughafen, an der Mündung des Var, und Burgberg (**Colline du Château**) breitet sich die Hauptstadt des Départements Alpes-Maritimes von der Promenade des Anglais in einem Tal aus. Nicht nur die Fassaden, auch die regelmäßigen Straßenzüge verraten hier die Planung im 18./19. Jh. mit dem Zentrum **Place Masséna**.

Der Boulevard Jean-Jaurès trennt die Stadterweiterung der Neuzeit von der mittelalterlichen Altstadt mit engen Gassen. Die Promenade nach Norden begräbt den Fluss **Paillon**, der früher immer wieder für verheerende Hochwasser sorgte.

Reste einer Römerstadt wurden im Stadtteil **Cimiez** ausgegraben. In die Nische zwischen Burgberg und Mont Boron fügt sich das **Fischerviertel** mit dem Hafen (und vielen Antiquitätenläden) ein.

Hotels/andere Unterkünfte

Beau Rivage

→ Umschlagkarte hinten, d 6

Am Rand der Altstadt, wenige Schritte von der Oper entfernt, haben schon Matisse und Nietzsche gewohnt, und Tschechow soll hier seine »Möwe« geschrieben haben. Der Architekt Jean-Michel Wilmotte hat dem eleganten Haus eine zeitgenössische Seele gegeben, Gäste werden mit einer guten Küche und Privatstrand verwöhnt.

24, rue St. François de Paule; Tel. 04 92 47 82 82, Fax 04 92 47 82 83; www.nicebeaurivage.com; 118 Zimmer ●●●● CREDIT

Negresco

→ Umschlagkarte hinten, c 5

Ein Palast am Meer, 1913 eingeweiht. Heute noch majestätisch und geradezu maßlos in seiner Dekoration, von Künstlern handsignierte Teppiche, wertvolle Kunstwerke. Unübertroffen im Service und ein bisschen auch ein Museum der Belle Époque. Es ist auf jeden Fall einen Besuch wert, vielleicht zu einem Glas Wein an der Bar.

37, prom. des Anglais; Tel. 04 93 16 64 00, Fax 04 93 88 35 68; www.hotel-negresco-nice.com; 145 Zimmer ●●●● CREDIT

De la Fontaine

⟶ Umschlagkarte hinten, b 5

Liebenswürdiger Empfang, schöne, wenn auch kleine Zimmer, am angenehmsten sind die zum Hof, und beim erstklassigen Frühstück vom Buffet hört man das Plätschern eines Brunnens – das alles mitten im Zentrum, wenige Schritte zum Meer oder zur Fußgängerzone.

49, rue de France; Tel. 04 93 88 30 38, Fax 04 93 88 98 11; www.hotel-fontaine.cote.azur.fr; 29 Zimmer ●●● CREDIT

Grimaldi

⟶ Umschlagkarte hinten, c 4/5

Ausgesprochen charmantes kleines Hotel mitten in der Stadt. Die Zimmer aufs Schönste provenzalisch: Farben, Stoffe, Schmiedeeisen. Klimatisiert, TV, naher Parkplatz.

15, rue Grimaldi; Tel. 04 93 16 00 24, Fax 04 93 87 00 24; www.le-grimaldi.com; 46 Zimmer ●●● CREDIT

Windsor

⟶ Umschlagkarte hinten, c 5

20 der Zimmer sind von zeitgenössischen Künstlern gestaltet, eins vom einheimischen Künstler Ben signiert, dessen Werke man im Museum für moderne Kunst bewundern kann. Man kann sich im Schwimmbad erfrischen und im exotischen Innenhof tropischen Vögeln lauschen.

11, rue Dalpozzo; Tel. 04 93 88 59 35, Fax 04 93 88 94 57; www.hotelwindsornice.com; 57 Zimmer ●●● CREDIT

Anis

⟶ Umschlagkarte hinten, west. a 4

Italienische Besitzer haben ein kleines elegantes Hotel in eine Wohngegend, nicht weit vom Flughafen entfernt, gestellt. Hinter okerfarbenen Fassaden oder auf der Terrasse neben dem Swimmingpool wird eine gute Mittelmeerküche serviert.

50, av. de la Lanterne; Tel. 04 93 18 29 00, Fax 04 93 83 31 16; www.anis-hotel-nice.cote.azur.fr; 42 Zimmer ●● AmEx VISA

MERIAN-Tipp

1 Hi Hotel

Das überraschendste Hotel Nizzas verbirgt sich hinter den Mauern einer Pension aus den Dreißigerjahren. Fluoreszierendes Licht im Foyer, Sessel mit Laptop-Tisch, Möbel in poppigen Farben. Nur eine Leinwand trennt in manchen Zimmern die Badewanne vom Bett, und auf der Leinwand kann man fernsehen. Pool auf dem Dach und samstags Cocktailparty mit DJ und guten Drinks über den Dächern von Nizza gehören zum Konzept der jungen Designer wie die Bio-Cantine.

3, av. des Fleurs; Tel. 04 97 07 26 26, Fax 04 97 07 26 27; www.hi-hotel.net; 38 Zimmer ●●● CREDIT

⟶ Umschlagkarte hinten, b 4

Au Picardy

⟶ Umschlagkarte hinten, e 5

Das einzige – und kleine – Hotel in der quirligen Altstadt, mit Balkonblumen und Innenhof mehr eine Familienpension als ein Hotel. Bei offenem Fenster schlafen geht wohl nicht.

10, bd. Jean-Jaurès; Tel. 04 93 85 75 51; 9 Zimmer ●

Spaziergang

Wo sollte man einen Nizza-Rundgang beginnen, wenn nicht an der **Promenade des Anglais**, wo Angestellte auf den blauen Stühlen die Mittagspause nutzen und Urlauber wie seit mehr als 100 Jahren promenieren, Hunde spazieren führen und – seit einigen Jahren – Inlineskater über die breite Bahn flitzen. An den schmalen Kiesstränden der Engelsbucht wechseln öffentliche und private (Hotel-)Zonen. Jenseits der sechsspurigen Straße reihen sich Nobelbauten wie das berühmte **Hotel Negresco** (→ S. 31) aus dem Jahr 1906 und architektonische Belanglosigkeiten aneinander. Das schöne Art-déco-**Palais de la Méditerranée**, 1929 als Casino eröffnet, gehört nach einer bewegten Geschichte heute zu den äußerst noblen »Leading Hotels of the World«.

Im **Jardin Albert I.** sitzen die Schattensucher. Hier wird die Promenade zum Quai des États-Unis und unter dem Burgberg zum Quai Rauba Capéu (»Huträuber«!).

Auf der anderen Straßenseite fährt ein Aufzug hinter der Treppe zum **Parc du Château** mit nur kläglichen Burgresten – Ludwig XIV. hatte sie abräumen lassen –, aber gutem Rundblick. Man erkennt Mont Baron und Hafen, Alt- und Neustadt und ganz weit im Westen den Flughafen. Historischer Boden liegt unter den Füßen. Griechische Phokäer ließen sich im 4. oder 5. Jh. v. Chr. hier nieder. Vom 12. Jh. an entstand unten als Neustadt die heutige Altstadt. Auf dem **Friedhof** am Parkende liegt auch der wohl berühmteste Niçois, **Giuseppe Garibaldi** (1807–1882), begraben. Über die Allée François-Aragon gelangt man hinab in die Altstadt (Montée du Château).

Fast an der Kreuzung Rue Rossetti/Rue Droite liegt die Jesuitenkirche **St-Jacques** (1607–1650), Il Gèsu in Rom nachgebaut und auch Église du Gésu genannt. Jenseits der Kreuzung das **Palais Lascaris** (Nr. 15), im Genueser Barock (Mitte des 17. Jh.). An der Place Rossetti die **Kathedrale der hl. Reparata**, im 17. Jh. einer Märtyrerin geweiht. Südlich die Präfektur, einst Schloss der Herzöge von Savoyen (18. Jh.), daneben der Justizpalast. Im rechten Winkel schließt sich Nizzas schönste Kirche an, die **Chapelle de la Miséricorde** in prächtigstem Barock hinter schlichter Fassade. Von der Place Pierre-Gauthier gelangt man auf den **Cours Saleya**, berühmter, wunderschöner Blumenmarkt (außer Mo) und abendlicher Treffpunkt. In einem Café, vielleicht mit Durchblick zum Meer, lässt sich der nächste Spaziergang planen.

Sehenswertes

Cathédrale Orthodoxe Russe St-Nicolas ⇢ Umschlagkarte hinten, b 3

Ein Stückchen Russland in Nizza: Kaiserin Maria Feodorowna, Witwe Zar Alexanders III., ließ 1903 dort, wo ihr ältester Sohn 1863 gestorben war, im Park der Villa Bermond, die schönste orthodoxe Kirche außerhalb Russlands nach dem Vorbild der Moskauer Basiliuskathedrale bauen. Mit Backsteinen aus dem Rheinland, Fliesen aus Florenz und fünf vergoldeten

Bunt, jung und modern: das Hi Hotel in Nizza (→ MERIAN-Tipp, S. 32).

Skat…
an d…
herrs…

Türr…
de …
läng…
gerk…
Schr…
so p…
Av. N…
und …
14.3…
18, V…

Cim…

Im J…
de C…
Röm…
Nizz…
wick…
dem…
ser …
sind…
Kloster am Osthang (16./17. Jh.), **Monastère de Cimiez,** erhielt 1845 eine neugotische Fassade. In der Kirche **Notre-Dame-de-l'Assomption** kann man drei Meisterwerke der Nizzaer Schule besichtigen, insbesondere ein Triptychon (1475) ihres Hauptvertreters Louis Bréa. Zu den eindrucksvollsten Resten der Römerstadt gehören die **Thermen** aus dem 3. Jh. n. Chr. und ein kleines **Amphitheater,** in dem auch Konzerte stattfinden (im Sommer Mi–Mo 10–18, Winter bis 17 Uhr).

…chlagkarte hinten, d 6

…war, auf der Promena-
…Régime in der Altstadt,
…zza. Hier trifft man
… oder Restaurant, 1
…den Blumenmarkt und
…ontags über den Floh-
…r aus streift man durch
…ssen mit Kirchen und
…er Parallelstraße, Rue
…ure, lebte und starb
…ini. Seine Nachbarn
…i vom Teufel besessen,
…ner Geige gern das Mi-
…n imitierte. Der Bischof
…ate verweigerte ihm da-
…ristliches Begräbnis.

…a

…schlagkarte hinten, d 5

…e Zentrum der Stadt mit
… Fassaden und Arkaden-
… Beginn des 19. Jh. Im
…nt die Av. Jean-Médecin
…schäften und auch Kauf-
…Fußgängerzone im Wes-
… wie überall, wird aber
…ert und verschönt.

…les Anglais

…nlagkarte hinten, ac 5/6

…önnen karitative Unter-
…ngen. Der englische Pas-
…assenden Namen Le- 2
…ndete 1822 als Mittel
…ohe Arbeitslosigkeit Kol-
… für eine Arbeitsbeschaffungsmaßnahme, sodass aus einem schmalen Uferweg eine Promenade wurde. Und die zahlreichen englischen Wintergäste gelangten trockenen Fußes ans Meer. Bei den Einhei-

mischen hieß die neue Straße zunächst »camin dei Anglès«. 1844 wurde sie umbenannt.

Museen

Der **Museumspass Nizza** (Carte Musées Ville de Nice) erlaubt für 6 € eine Woche lang den Eintritt in viele Museen der Stadt. Wer Museen in der Region besuchen will, kauft den **Museumspass Riviera** (Carte Musées Côtes d'Azur) für einen Tag (10 €), drei Tage (17 €) oder eine Woche (27 €). Viele Museen kosten am 1. Sonntag im Monat keinen Eintritt. Jugendliche unter 18 Jahren müssen ebenfalls nicht bezahlen.

Musée d'Art Moderne et d'Art Contemporain (MAMAC)

····> Umschlagkarte hinten, e 4

Als man in Europa begann, zeitgenössische Kunst auszustellen, hatte Nizza es gut. Von den Impressionisten bis zu den Fluxuskünstlern hatten die meisten im Süden gelebt. So zeigt die Kunstburg aus Carrara-Marmor (Architekt Yves Bayard) neben Wechselausstellungen die neue Nizzaer Schule (César, Arman, Tinguely, vor allem Yves Klein und seine berühmten monochromen »Blaus«) und Pop Art (Andy Warhol, Roy Lichtenstein, Claes Oldenburg, Gilbert & Georges und vor allem Ben – Benjamin Vautier).

Promenade des Arts; Di–So 10–18 Uhr

Musée des Beaux-Arts

····> Umschlagkarte hinten, a 5

Schöne Künste, Gemälde und Skulpturen, Keramiken von Picasso, Werke von Dufy, vor allem italienische Malerei aus dem 17. bis 19. Jh. in der 1875 im Genueser Stil erbauten **Villa Thompson.** Eigentlich war sie für den russischen Prinzen Koschoubey begonnen worden, aber der erlebte ihre Fertigstellung nicht mehr. Die übernahm der reiche Amerikaner James Thompson, aber seit 1928 ist die Villa im Besitz der Stadt.

33, av. des Baumettes; Di–So 10–18 Uhr

Musée Masséna

····> Umschlagkarte hinten, b 5

Das Stadtmuseum von Nizza, von Fürst Victor Masséna – einem Enkel des napoleonischen Feldherren – 1901 errichtet, gibt einen Einblick in

Musée d'Art Moderne et d'Art Contemporain – Calders Mobile lässt seine bunten Scheiben vor der Marmor-Trutzburg für moderne Kunst schwingen, und Niki de Saint-Phalles Drachen funkelt mit jeder Silberschuppe.

MERIAN-Tipp

2 Musée National Message Biblique – Marc Chagall

Den »Traum der ganzen Menschheit« sah der Exilrusse Chagall (1887–1985) in der Bibel. 17 Monumentalgemälde des Zyklus »Les Messages Bibliques« sind in einem lichtdurchfluteten Gebäude ausgestellt, das André Hermant 1972 eigens dafür entworfen hat.

Av. du Docteur Ménard; Juli–Sept. Mi–Mo 10–18, sonst bis 17 Uhr

⟶ Umschlagkarte hinten, d 3

die abwechslungsreiche Geschichte der Stadt, zeigt Malereien der »Schule von Nizza«, Keramik, Waffen, Volkskunst, Möbel und Fayencen, seltene Bücher und Handschriften.

35, prom. des Anglais; Di–So 10–18 Uhr

Musée Matisse

⟶ Umschlagkarte hinten, e 1

Eine chronische Bronchitis brachte den Maler 1917 nach Nizza, im »Régina Palace« hatte er zwei Etagen gekauft. In der Nähe, hinter einem Park, liegt in einem rostroten Haus aus dem 18. Jh. das Museum, das Werke aus allen Schaffensperioden zeigt – 68 Bilder und fast sein gesamtes plastisches Werk. Hier sind auch Entwürfe für sein außergewöhnlichstes Werk an der Côte d'Azur zu sehen, für den Sakralbau Chapelle du Rosaire, die Hauskapelle eines Dominikanerklosters im Städtchen Vence. Matisse soll sie bei der Einweihung 1951 als sein Meisterwerk bezeichnet haben. Nach seinem Tod 1954 wurde Matisse auf dem Hügel von Cimiez beigesetzt.

164, av. des Arènes-de-Cimiez; April–Sept. Mi–Mo 10–18, sonst bis 17 Uhr

Musée de Terra Amata

⟶ Umschlagkarte hinten, f 6

Am Hang des Mont Baron hinter dem Hafen fand der Archäologe Rivière 1873 in Höhlen uralte Knochen und Werkzeuge. Am prähistorischen Ort wurde dieses Museum errichtet, das die Zeit vor 400 000 Jahren lebendig werden lässt.

25, bd. Carnot; Di–So 10–18 Uhr

Essen und Trinken

La Petite Maison

⟶ Umschlagkarte hinten, d 6

Das ist der Ort, zu dem es Stars und Sternchen und unbekannte Touristen zieht, hier sitzen bedeutende Persönlichkeiten nebenan und solche, die es werden wollen. Und alle werden so begrüßt und bekocht, als ob sie seit langem Stammgäste seien. Schon die Vorspeisen lassen eine wunderbare provenzalische Küche ahnen: kleine, frittierte Tintenfische, Lachs, Crevettensalat, eine kleine Bouillabaisse oder gebackene Zucchini. Danach Dorade im Salzmantel, Makkaroni mit Trüffeln, gegrillter Loup ... Glücklicherweise gibt es auch einen günstigen Mittagstisch.

11, rue Saint-François-de-Paule; Tel. 04 93 92 59 59; So geschl. ●●● CREDIT

Terre de Truffes

⟶ Umschlagkarte hinten, d 6

Die unbestrittene Königin dieses hübschen Bistros ist die Trüffel, die man aber auch, zu hervorragenden Produkten verarbeitet (Trüffelcreme, Fonds, Trüffelmark), als Souvenir mit nach Hause nehmen kann.

11, rue Saint-François-de-Paule; Tel. 04 93 62 07 68; So geschl. ●●● CREDIT

Acchiardo

⟶ Umschlagkarte hinten, e 5

Raffinierte Gnocchi, provenzalisches Kaninchen, Stockfisch oder Aioli, was auf die Waschtuchdecke kommt, ist so bewährt wie das glänzende Kupfergeschirr. Seit 1927 scheint sich kaum etwas geändert zu haben in einem der letzten traditionellen Restaurants der Stadt.

38, rue Droite; Tel. 04 93 85 51 16; Sa, So und Aug. geschl. ●●

La Cave

→ Umschlagkarte hinten, d 5

Kein Platz? Es gibt wirklich nur einen kleinen Raum und ein paar Tische vor der Tür. Dort wird gute provenzalische Küche aufgetischt: Scampi provenzalisch, Dorade an Gemüsesabayon, Fischsuppe, Zitronenkuchen.

Rue Francis Gallo; Tel. 04 93 62 48 46; nur abends, außer Mo ●●

La Merenda

→ Umschlagkarte hinten, d 5

Kein Telefon und nur 24 Plätze – und immer voll. Man muss also vorbeikommen zum Reservieren. An einfachen Holztischen genießt man lokale Spezialitäten wie Kutteln, gefüllte Sardinen, Stockfisch oder Ratatouille.

4, rue de la Terrasse; Sa, So und Fei geschl. ●●

Le Grand Café de Turin

→ Umschlagkarte hinten, e 5

Das Fischlokal in Nizza. Von 8 bis 22 Uhr (im Juli und Aug. 17–23 Uhr geöffnet) werden Austern gegessen. Die beiden Räume sind stets voll, die Terrasse ebenfalls. Wer will, trinkt hier nur ein Glas Wein.

5, pl. Garibaldi; Tel. 04 93 62 29 52 ●● CREDIT

Les Pêcheurs

→ Umschlagkarte hinten, f 6

Neben dem schönen Blick – auf die weißen Segel der Boote und den abends romantisch beleuchteten Burgberg – verrät die Dekoration mit Fischernetzen, dass hier in erster Linie Fisch – und auch eine hervorragende Bouillabaisse – gegessen wird.

18, quai des Docks (Ostseite des alten Hafens); Tel. 04 93 89 59 61; Mi und Do mittags geschl. ●● CREDIT

Café-Restaurant de la Bourse

→ Umschlagkarte hinten, e 5

Gute Hausmannskost, beliebter Treffpunkt der Einheimischen.

15, pl. St-François; Tel. 04 93 62 38 39; nur mittags ●

Restaurant du Gesù

→ Umschlagkarte hinten, d 5/6

Altstadt-Lokal, alles duzt sich, immer voll, immer gleiche Qualität, klassisches Angebot: Pizza, Nudeln, Frittiertes, Gefülltes.

1, pl. de Jésus; Tel. 04 93 62 26 46; So geschl. ●

Voyageur Nissart

→ Umschlagkarte hinten, c 4

Einfache und gute nissardische Küche in Bahnhofsnähe: Raviolis niçois, »ossobuco« (Kalbshaxe), Zucchini-Tarte. Die Karte wechselt täglich.

19, rue d'Alsace-Lorraine; Tel. 04 93 82 19 60 ●

Fenocchio

→ Umschlagkarte hinten, de 5

70 Eissorten, darunter so exotische Geschmacksrichtungen wie Ingwer, Kaugummi, Tomate ...

2, pl. Rossetti

Le Thé

→ Umschlagkarte hinten, d 4

Nur einige Schritte von der Avenue Jean Médecin entfernt findet man das Paradies der südfranzösischen Teetrinker. Das Getränk, aus qualitätvollen Importen zubereitet, wird hier geradezu feierlich kredenzt.

39, rue Pastorelli; Tel. 04 93 80 45 79

MERIAN-Tipp

3 Alziari

Man kann das Olivenöl, das aus einer familieneigenen Mühle am Norwestrand Nizzas kommt, in schönen bunten Kanistern mit nach Hause nehmen. Die Tapenade (Olivenpüree, das gut auf Weißbrot und Tomaten schmeckt) wird noch eine ganze Weile an die Ferien erinnern. Wer möchte, kann den Betrieb der Alziaris nach Voranmeldung auch besichtigen.

14, rue St-François-de-Paule

→ Umschlagkarte hinten, d 6

Logieren wie zu den besten Zeiten der Belle Époque: Villenviertel am Mont Baron.

Einkaufen

Auer

···› Umschlagkarte hinten, d 5/6

Die Patisserie ist eine Legende, sowohl was die Dekoration als auch die Süßwaren betrifft.

7, rue St-François-de-Paule

Boulangerie Espuno

···› Umschlagkarte hinten, e 5

Bunte Brote: mit Oliven, Käse, Anis, Fenchel ...

Rue Droite/Pl. St-François

Galeries Lafayette

···› Umschlagkarte hinten, c 4

Filiale des berühmten Pariser Kaufhauses.

6, av. Jean-Médecin

Am Abend

Le Bar des Oiseaux

···› Umschlagkarte hinten, d 5

Werbung von gestern an den Wänden, dazwischen flattern Vögel frei herum, und beizeiten gibt Noëlle eine Ein-Frau-Show. Nizzas Künstler treffen sich hier und diskutieren. Manchmal gibt es auch Kabarettveranstaltungen. Man isst ein »pan bagnat« oder probiert einen Cocktail wie z. B. »Farigoule« (auf Thymianbasis).

5, rue St-Vincent; Tel. 04 93 80 27 33; Di–Fr 12–15 und 19–1 Uhr, Sa nur abends

Le Guest

···› Umschlagkarte hinten, f 6

Hinter dem alten Hafen treffen sich die Nachtschwärmer zu vorwiegend exotischen Rhythmen.

5, quai des Deux-Emmanuels; tgl. 22–4 Uhr

Nocy-Be

···› Umschlagkarte hinten, d 5

Schönes marokkanisches Altstadtcafé mit dicken Kissen, unglaublich vielen Teesorten, Cocktails, und auch die Wasserpfeife fehlt nicht.

4–6, rue Jules Gilly; Mo–Fr 17–0.30, Sa, So 16–0.30 Uhr

Oper ···› Umschlagkarte hinten, d 6

Dort, wo 1881 das Stadttheater abgebrannt war, entstand in den Jahren

1881 bis 1885 nach Plänen des Architekten Charles Garnier die Belle-Époque-Oper.
Rue St-François-de-Paule; Tel. 04 93 13 98 53

Le Staccato

···› Umschlagkarte hinten, d 6

Altstadtkeller mit schöner Weinstube, im Winter Livejazz.
4, rue du Pont Vieux; 18–2.30 Uhr

SERVICE

Auskunft

Comité Régional du Tourisme Riviera-Côte d'Azur

···› Umschlagkarte hinten, c 5

5, promenade des Anglais, BP 1602, 06011 Nice Cedex 1; Tel. 08 92 70 74 07, Fax 04 92 14 48 03; www.nicetourisme.com

Flughafen

···› Umschlagkarte hinten, westl. a 6

Aéroport Nice–Côte d'Azur
6 km westl. vom Zentrum, Bus 23, alle 20 Min. ab Terminal 1 in die Stadt, Bus 98 zum Busbahnhof über die Promenade d'Anglais, Bus 99 zum Bahnhof. Zwischen beiden Terminals verkehrt alle 10 Min. ein kostenloser Shuttle-Bus; Tel. 08 20 42 33 33; www.nice.aeroport.fr

Hafen

···› Umschlagkarte hinten, westl. f 6

Port de Nice
Tel. 04 92 00 42 42

Taxi

···› Umschlagkarte hinten, westl. f 6

Tel. 04 93 13 78 78

Train de Pignes

···› Umschlagkarte hinten, c 2

Gut drei schöne Stunden braucht die Schmalspurbahn von Nizza bis zum 151 km entfernten Digne-les-Bains, von der Küste in die Berge. Brücken, Tunnel und Viadukte lösen einander ab, während der Zug durch die Vororte und das Var-Tal, an Weinfeldern und Obstbäumen vorbei, immer weiter nach Norden fährt. Entrevaux lugt aus den Felsen, hinter Annot werden 1000 m Höhe erreicht.
Der Zug fährt viermal täglich; Abfahrt: Gare des Chemins de Fer de Provence, 4 bis, rue Alfred-Binet; Tel. 04 93 88 34 72

Ziele in der Umgebung

Biot

···› S. 118, C 7

5700 Einwohner

Die einstige Hauptstadt der Ligurer – man spricht sie Biòtt aus – stand bereits im Mittelalter für gute Töpferware und große irdene Krüge und Glaswaren. 32 Fabriken gab es im Ort, dann kamen Revolution und Kriege, und das Geschäft mit Keramik und Glas war beendet. Erst in den Fünfzigerjahren kamen die großen Gefäße wieder in Mode. Die Glasbläser fertigten, was den Kunden gefiel. Nun strömen sie wieder in das charmante Dorf, tafeln unter Arkaden, kaufen Glas in den sieben Glasbläsereien und besuchen das **Musée National Fernand-Léger**, die »Kathedrale der modernen Kunst«, die 1960 – fünf Jahre nach dem Tod des Künstlers – eingeweiht wurde (Juli–Sept. Mi–Mo 11–18, sonst 10–12.30 und 14–17.30 Uhr; Eintritt 4 €).
14 km südl. von Nizza

HOTELS/ANDERE UNTERKÜNFTE

Auberge de la Vallée Verte

Ein Bauernhaus mit Schwimmbad und angenehmem Restaurant.
3400, route de Valbonne; Tel. 04 93 65 10 93, Fax 04 92 94 04 91; 11 Zimmer ●●

SERVICE

Auskunft

Mairie de Biot
46, rue Saint Sébastian, 06410 Biot; Tel. 04 93 65 78 00, Fax 04 93 65 78 04; E-Mail: p.chaniel.tourisme.biot@wanadoo.fr

Cagnes-sur-Mer

35 500 Einwohner → S. 119, D 7

Cagnes-Centre ist eine moderne Stadt, Cros-de-Cagnes eine nicht sonderlich attraktive Feriensiedlung am Meer, aber das mittelalterliche Haut-de-Cagnes ein malerischer Ort, den das ehemalige **Château Grimaldi** aus dem 14. Jh., mit schönem Renaissance-Innenhof, beherrscht. Im 17. Jh. wurde es barock umgebaut. Heute birgt es mehrere **Museen**: für Archäologie, moderne Kunst des Mittelmeerraumes und das Musée de l'Olivier (im Sommer Mi–Mo 10–12 und 14–18, im Winter bis 17 Uhr).

Von der N 7 ausgeschildert ist der Weg nach **Les Collettes**, wo der rheumakranke Maler Jean Renoir auf Anraten seines Arztes umgeben von Olivenbäumen seine letzte Bleibe (1907–1919) fand. 1960 kaufte die Stadt das Anwesen und richtete eine **Renoir-Gedenkstätte** ein. Zu besichtigen sind Garten, Räume, Bilder und Skulpturen, auch Maillols Renoir-Büste (im Sommer Mi–Mo 10–12 und 14–18, im Winter bis 17 Uhr). Ende Juli/Anfang August findet im Garten »La Nuit des Contes«, die Märchennacht, statt, im November das Olivenfest. Ein ganz besonderes Ereignis sind im Juli und August die nächtlichen Pferderennen im Hippodrome am Meer.

9 km südl. von Nizza

Hotels/andere Unterkünfte

Le Val Duchesse

Nur 50 m vom Strand entfernt und ruhig in einem Palmengarten gelegen, mit Schwimmbad und günstigen Preisen für Leute, die mindestens eine Woche bleiben.

11, rue de Paris, Cros-de-Cagnes; Tel. 04 92 13 40 00, Fax 04 92 13 40 29; 24 Zimmer ●● CREDIT

Le Mas d'Azur

Als das Haus 1751 gebaut wurde, lag es noch nicht an einer lauten Nationalstraße. Betritt man allerdings den Hof, scheint die Zeit stehen geblieben zu sein. Es ist ruhig, und einen reizvollen Garten gibt es auch.

42, av. de Nice; Tel. 04 93 20 19 19, Fax 04 93 20 87 11; 15 Zimmer ● CREDIT

Essen und Trinken

Les Baux

Im Schatten des Schlosses in Haut-de-Cagnes wird eine für die Region ungewöhnliche Sahne-Küche zelebriert. Daneben gibt es auch Salate und gegrillten Fisch.

2, pl. du Château; Tel. 04 93 73 14 00 ●●

La Villa du Cros

Sehr schönes, kleines Abend-Restaurant am Fischereihafen. Hier werden Loup und Tintenfische gegrillt, Ravioli mit Pilzen gefüllt.

Port de Cros-de-Cagnes; Tel. 04 93 07 57 83; Mo geschl. ●● CREDIT

Service

Auskunft

Office du Tourisme

6, bd. du Maréchal-Juin, 06800 Cagnes-Centre; Tel. 04 93 20 61 64, Fax 04 93 20 52 63; www.cagnes-tourisme.com

Coaraze

→ S. 119, D 6

650 Einwohner

Entzückendes mittelalterliches Dorf in den Seealpen, das wegen seiner **Barockkirche** sehenswert ist, besonders aber wegen der **Sonnenuhren** (am Kirchplatz und an der Post), entworfen von den Künstlern Jean Cocteau und Ponce de Léon.

25 km nördl. von Nizza

Levens

→ S. 119, D 6

1010 Einwohner

Ein wahrhaft mittelalterliches Ensemble klebt am Hang, ehemaliger **Herrensitz der Familie Riquier** (13. Jh.),

dann der Grimaldis. Im Jahre 1621 probten die Bewohner den Aufstand gegen ihre Herrschaft und verlangten mehr Unabhängigkeit, zerstörten das Schloss und deponierten einen Stein als Zeichen ihres Sieges.
20 km nördl. von Nizza

Lucéram

···› S. 119, E 6

1030 Einwohner

Hinter den Zinnen der mittelalterlichen Stadtmauern drängen sich pastellfarbene Häuser am Hang eines steilen Felsens. Heraus ragt die weißrosa Kirche **Ste-Marguerite** mit wunderschönen Retabeln der Nizzaer Schule des 15. und 16. Jh. Spaziergänger wandern über Treppen und unter Arkaden und stoßen dabei auf Relikte aus vergangenen Zeiten, etwa auf große steinerne Gemeinschaftsbacköfen. Zwischen den Häusern über den Straßen gibt es »pontis«, kleine, platzsparende Brücken.
22 km nördl. von Nizza

Peille

···› S. 119, E 6

1600 Einwohner

Unter Burgruinen aus dem 13. Jh. hängt das Dorf fast theatralisch in 630 m Höhe am Hang über dem Fluss Peillon. Urlauber kommen nur am Wochenende, die Alten sitzen auf einer Bank in der Hauptstraße. Wer einige Worte mit ihnen wechselt, wird feststellen, dass sie einen dem Nizzaer ähnlichen Dialekt sprechen.

Eine alte Römerstraße – mehr ein Maultierpfad – verbindet Peille in zwei Stunden mit Peillon. Auch der Gipfel des **Mont Baudon** ist von hier aus erreichbar, im Nordosten erklimmt man ihn in zwei Stunden. Wer am ersten Sonntag im September kommt, erlebt die **Fête des Baguettes**, bei der die Mädchen ihrem Liebsten ein geschmücktes Brot überreichen.
23 km nordöstl. von Nizza

Peillon

···› S. 119, E 6

1200 Einwohner

Auf Frankreichs Liste der schönsten Dörfer rangiert Peillon ganz oben. Zwischen Pinien und Oliven kommt man über eine schmale Straße, entdeckt zunächst einen Brunnen von 1800 und mag kaum glauben, dass dieses entzückende Nest mit Kopfsteinpflaster und Arkaden, Gewölben und Treppen, auch wenn hier Künstler leben, kein Kunstgewerbeladen geworden ist. In der **Kapelle der Weißen Büßer** (Chapelle des Pénitents Blancs) von 1495, die im 17. Jh. restauriert wurde, kann man schöne **Fresken von Canavesio** sehen (Sa und So, sonst im Rathaus fragen).
14 km nordöstl. von Nizza

Saint-Jean-Cap-Ferrat

1900 Einwohner ···› S. 119, E 7

Ab 1900 etwa wurden die bescheidenen Häuschen des Fischerdorfes St-Jean-Cap-Ferrat durch Luxusvillen

Die Gründerin ist längst verblichen, jetzt hat die steinerne Dame im Garten die elegante Villa Rothschild (→ MERIAN-Tipp, S. 42) am Cap Ferrat und die fleißigen Gärtner ständig im Blick.

ersetzt. Ein nach wie vor wunderschönes Stück Küste ist erhalten geblieben. Auch der Maler Jean Cocteau liebte diesen Ort und hinterließ im Rathaus einen von ihm ausgemalten Hochzeitssaal.

10 km östl. von Nizza

Hotels/andere Unterkünfte

Le Clair Logis

Ein Sommertraum: alle Zimmer mit Balkon oder Terrasse. Selbst de Gaulle soll sich hierher zurückgezogen haben. Im Sommer geht aber ohne rechtzeitige Reservierung gar nichts.

12, av. Centrale; Tel. 04 93 76 04 57, Fax 04 93 76 11 85; www.hotel-clair-logis.fr; 18 Zimmer ●●● CREDIT

La Bastide

In so luxuriöser Umgebung erwartet man kaum ein günstiges Hotel wie dieses. Von einigen Zimmern hat man einen atemberaubenden Blick aufs Meer. Es gibt einen kleinen Garten und ein hübsches Restaurant, in dem traditionelle provenzalische Küche serviert wird.

3, av. Albert Ier; Tel. 04 93 76 06 78, Fax 04 93 76 19 10; 13 Zimmer ●● CREDIT

Service

Auskunft

Office du Tourisme

59, av. Séméria, 06230 St-Jean-Cap-Ferrat; Tel. 04 93 76 08 90, Fax 04 93 76 16 67

MERIAN-Tipp

4 Villa Rothschild

Baronin Béatrice Ephrussi de Rothschild, die hier vor dem Ersten Weltkrieg das Paradies in Form florentinischer, spanischer, englischer, japanischer, französischer und exotischer Gärten auf 7 ha anlegen ließ und deren Pflege höchstpersönlich überwachte, weilte nur drei Jahre auf der Halbinsel der Milliardäre. Als Museum erhalten ist ihre rosa-weiße, von den Renaissancepalästen Ravennas und Florenz' inspirierte Villa (**Villa Île-de-France**, am Anfang des Caps).

Saint-Jean-Cap-Ferrat; untere Corniche, 15. Feb.–1. Nov. 10–18, Juli, Aug. bis 19 Uhr, Nov.–5. Feb. nur Sa, So und in den Schulferien 10–18, Mo–Fr 14–18 Uhr, nur Salons und Gärten; Eintritt 9 €

Saint-Paul-de-Vence

2900 Einwohner S. 118, C 7

Das Dorf selbst ist schon hübsch, aber die **Fondation Maeght** ist eine Pilgerstätte, die den Ort noch überbietet. 4 1964 schuf das Kunsthändlerpaar Aimé und Marguerite Maeght eine Kunst-Landschaft mit Museum, die Jahr für Jahr rund 200 000 Besucher anzieht. Mosaike von Chagall, Skulpturen von Miró, skurrile Brunnen von Tal-Coat und Pol Bury schmücken den Garten. Zur imposanten Kollektion, die im Gebäude des Katalanen Josep Lluis Sert gezeigt wird, gehören Werke aller wichtigen Künstler des 20. Jh. Die Fondation ist nicht nur Museum, sondern auch Künstlertreffpunkt und Kunstbibliothek.

18 km westl. von Nizza; Juli–Sept. tgl. 10–19, Okt.–Juni 10–12.30 und 14.30–18 Uhr; Eintritt 11 €, erm. 9 €

Hotels/andere Unterkünfte

La Grande Bastide

Das Landhaus aus dem 18. Jh. ist heute ein charmantes kleines Landhotel mit hübschen Zimmern. Morgens ein gutes Frühstück, dazu ein Swimmingpool, und vom Garten aus erkennt man in einiger Entfernung das Meer.

Route de la Colle; Tel. 04 93 32 50 30, Fax 04 93 32 50 59; www.hotel-grande-bastide-st-paul-vence.cote.azur.fr; 11 Zimmer ●●● MASTER VISA

Le Hameau

Man wohnt auf der ehemaligen Farm sehr schön im Grünen mit Garten und Schwimmbad und wunderbarem Blick

Die Fondation Maeght in Saint-Paul-de-Vence besuchen Kenner immer wieder. Neben Werken von Matisse, Giacometti, Riopelle, Tapiès und anderen bedeutenden Künstlern des 20. Jahrhunderts gibt es jährlich große Sonderausstellungen.

auf das Dorf. Die Zimmer (mit Klimaanlage) sind sehr gut ausgestattet.
528, route de la Colle, 1 km außerhalb; Tel. 04 93 32 80 24, Fax 04 93 32 55 75; E-Mail: lehameau@wanadoo.fr; 17 Zimmer ●●● AmEx DINERS

Essen und Trinken

La Fontaine
Man kommt hierher, weil es ein Treffpunkt mitten im Ort ist. Die Einheimischen betrachten beim Aperitif die Urlauber. Diese freuen sich, weil die Dorfbewohner neben ihnen sitzen.
Pl. de la Fontaine; Tel. 04 93 32 74 12; Di geschl. ●● CREDIT

Café de la Place
Eine Institution, deren Ruf angeblich bis Übersee reicht, am Rand des Bouleplatzes. Vielleicht sitzt einer am Tisch, der hier schon gesessen hat, als Simone Signoret und Yves Montand Gäste am Nebentisch waren.
Pl. du Général-de-Gaulle; Tel. 04 93 32 80 03; tgl. nur mittags

Service

Auskunft
Office du Tourisme
2, rue Grande, 06570 St-Paul-de-Vence; Tel. 04 93 32 86 95, Fax 04 93 32 60 27

Vence

→ S. 118, C 7

13 500 Einwohner

Das Erste, was der Besucher wahrnimmt, wenn er das mittelalterliche Gassengewirr betritt, ist das Plätschern der Brunnen. So muss es auch gewesen sein, als Maler und Schriftsteller (Raoul Dufy, André Gide, Paul Valéry) den Ort in den Zwanzigerjahren entdeckten. In der ehemaligen Kathedrale (**Ancienne Cathédrale**) wurde ein römischer Sarkophag zum Altar. Auf einem Mosaik von Chagall in der Taufkapelle ist die Rettung Moses aus dem Nil (1979) dargestellt.

In Richtung St-Jeannet fährt man zur **Chapelle du Rosaire** (Av. Henri Matisse), der Hauskapelle eines Dominikanerklosters, die Henri Matisse 1948 bis 1951 ausgestaltet hat. Ein lichter Raum, in dem nur die Fenster mit leuchtendem Blau, Zitronengelb und kräftigem Grün für die Blätter des Lebensbaumes Aufmerksamkeit beanspruchen – »so fröhlich, dass man einen Ballsaal daraus machen könnte«, wie Aragon befand. Für Matisse »das Ergebnis einer lebenslangen Suche nach der Wahrheit«.

21 km nordwestl. von Nizza; Di und Do 10–11.30 und 14.30–17.30, Juli, Aug. und während der Schulferien auch Mi, Fr und Sa 14.30–17.30 Uhr, Nov.–Mitte Dez. geschl.

Hotels/andere Unterkünfte

Le Provence

Zwei junge Schweden haben gegenüber dem Tor zur Altstadt ein entzückendes Hotel eingerichtet. Das Frühstück wird zwischen Blumen und Büschen im Hof serviert.

9, av. Marcellin-Maurel; Tel. 04 93 58 04 21, Fax 04 93 58 35 62; 16 Zimmer ●● CREDIT

La Maison du Rosaire

Ein kostengünstiges Erlebnis in klösterlicher Einfachheit neben der Rosenkranzkapelle. Man muss mindestens 48 Stunden bleiben. Das gemeinsame Essen mit den Nonnen und der Besuch des Gottesdienstes sind jedoch keine Pflicht.

466, av. Henri-Matisse; Tel. 04 93 58 03 26, Fax 04 93 58 21 10; E-Mail: dominicaines @wanadoo.fr ●

Essen und Trinken

Le P'tit Provençal

Freundlich, gut, auch bei Einheimischen beliebt. Mitten in der Altstadt.

4, pl. Clemenceau; Tel. 04 93 58 50 64; So abends und Mo außerhalb der Saison geschl. ●● CREDIT

Service

Auskunft

Office du Tourisme

8, pl. du Grand-Jardin, 06140 Vence; Tel. 04 93 58 06 38, Fax 04 93 58 91 81; www.ville-vence.fr

Villefranche-sur-Mer

8200 Einwohner → S. 119, E 7

Östlich des Mont Boron an einer ungewöhnlich tiefen Bucht versammelte sich in den Zwanziger- und Dreißigerjahren die literarische Gesellschaft der Côte d'Azur um den Salonlöwen **Jean Cocteau**. Er malte, als er 1957 im berühmten Hotel Welcome lebte, die gegenüberliegende Fischerkapelle **St-Pierre** aus.

Der hübsche Ort versteckt sich, wie es zunächst scheint. Man muss schon zur mächtigen **Zitadelle** (16. Jh., **Musée Volti** mit Werken des Zeichners und Bildhauers Jean Cocteau; **Musée Goetz-Boumeester** mit Gemäldesammlung von Picasso, Miró und anderen Künstlern) hinunterfahren oder an der Kirche **St-Michel** hinunterklettern zum kleinen Hafen.

8 km östl. von Nizza

Hotels/andere Unterkünfte

Le Provençal

Sieht ein bisschen italienisch aus, das hübsche Haus mit seinen Türmchen. Unbedingt reservieren!

4, av. du Maréchal-Joffre; Tel. 04 93 76 53 53, Fax 04 93 76 96 00; 49 Zimmer ●● CREDIT

Essen und Trinken

La Mère Germaine

Kenner nennen dieses reizend am Hafen gelegene Restaurant eines der besten zwischen Nizza und Monaco. Aber das hat natürlich seinen Preis.

Quai Gustave-Courbet; Tel. 04 93 01 71 39; in der Saison tgl. geöffnet ●●● CREDIT

Service

Auskunft

Office du Tourisme

Jardin François-Binon, 06230 Villefranche-sur-Mer; Tel. 04 93 01 73 68, Fax 04 93 76 63 65; www.villefranche-sur-mer.com

MERIAN Quiz

High Noon, ein Dieb und zwei Vornamen

Wow, ist die cool! So, in etwa, urteilte der »New Yorker« einst über sie. Schade nur, dass Picasso sie nicht malte. Möglich wäre das schon gewesen, waren sie doch beinahe Nachbarn. Cool wäre das Porträt wohl nicht geworden, dürfte heute aber sicher als eines der teuersten Bilder jeder Auktion gelten.

Indessen fraß (nach ihrem *High Noon* im Alter von 23) ein anderes Genie einen Narren an ihr. Dreimal in Folge engagierte er sie. Zunächst als Freundin eines lädierten Fotografen (der, den Hinterhof seiner Wohnung knipsend, ein Verbrechen aufdeckt). Zweitens als Ehefrau, die nur knapp einem Mordanschlag entgeht (wobei ein Telefon eine Rolle spielt).

Drittens dann erliegt sie dem Charme eines Diebes in Nizza. Oder besser: er ihrem. Dies hatte indirekt erhebliche Folgen für die weitere märchenhafte Vita der Gesuchten: Im Jahr darauf, als das Ergebnis branchenüblich an der Côte d'Azur präsentiert wurde, lernte sie einen Fan kennen, mit Vorfahren tief verwurzelt in der Gegend.

Ihren Eltern war die künstlerische Ader der Tochter suspekt. Leibesübungen lagen ihnen näher: Ihr Vater war Olympiasieger im Rudern, ihr Bruder errang darin Bronze, die Schwestern schwammen gut, die Mutter war Sportlehrerin. Doch sie setzte sich durch. In ihrer ersten Karriere hieß sie (ohne zweiten Vornamen), wie es im Ausweis stand. Der Karriere zweiter Teil verlief mit beiden Vor-, doch unter Weglassen des Familiennamens. Der Rest ist Geschichte.

Felix Woerther

Um wen, was oder welchen Ort geht es hier?

Wenn Sie die Lösung wissen, besuchen Sie uns doch im Internet unter **www.merian.de/quiz**. Unter den richtigen Einsendern verlosen wir Monat für Monat attraktive Preise. Viel Glück!

Umzüge und Blumenschlachten

Millionen Besucher feiern ausgelassen das Ende des Winters beim Karneval in Nizza.

Auch wenn es schon voll ist in den Straßen von Nizza, weil von überallher Menschen kommen, um das größte Winterfest an der südfranzösischen Riviera zu feiern – in Mitteleuropa ist der Karneval von Nizza eigentlich immer noch ein Geheimtipp: Im Februar an der Promenade sitzen, umschwirrt von den Skatern, die wie riesige Schmetterlinge auftauchen und wieder verschwinden, die milde Frühlingssonne beim Café vor der Brasserie und intensive Blumendüfte genießen, das können sich deutsche Karnevalsfreunde meist überhaupt nicht richtig vorstellen. Und auch sonst ist alles anders. Es ist ein Fest zum Zusehen, nicht zum Mitmachen – im Prinzip jedenfalls.

Zuerst werden Tribünen an der Promenade des Anglais und an der Place Masséna aufgebaut, und wer durch die Straßen bummelt, erfährt vielleicht auch schon von der Geschäftigkeit, die bis zum letzten Abend, ja sogar bis spät in die Nacht dauert, um das zwölftägige Spektakel mit Umzügen, Blumenschlachten und Musik vorzubereiten. In riesigen Hallen werden die Umzugswagen dekoriert, eine Freude für die Floristen der Stadt, denn nur sie dürfen die gut zwei Dutzend Wagen für die Blumenschlacht, die Bataille de Fleurs, vorbereiten. Meterweise Zaun, kiloweise Draht und Tausende von Blumen werden für einen einzigen Wagen gebraucht; Rosen und Orchideen, Mimosen und Nelken, sogar Sonnenblumen sind schon dabei, eine im Wortsinn atemberaubende Fülle.

Es gibt stets ein bestimmtes Motto, schließlich ist der Karneval auch ein politisches Fest, und so wurden riesige Pappmascheefiguren gebaut, oft bizarre Gestalten, deren Bedeutung Fremden vielleicht nichts sagt, aber darum geht es ja nicht. Zeitungskarikaturisten haben schon vor Monaten die Vorlagen geliefert. Auf Lastwa-

gen, in Anhängern, sogar in Traktorenschaufeln werden die seltsamen Gebilde durch die Stadt bewegt.

Der Einzug von König Karneval

Kilometerlang spannen sich elektrische Girlanden durch die Stadt. Elfen und Feuer speiende Drachen künden den Beginn des Ereignisses an. Und wenn dann endlich mit dem Einzug des Faschingskönigs – Seine Majestät Triboulet heißt der künstliche König Karneval hier – das Fest beginnt, begleitet von Tanzgruppen, Stelzenläufern, Tambourinen, dann kreischen die Kinder auf den Schultern ihrer Eltern. König Karneval wird das Fest nicht überleben, schon 1873, als die Feierlichkeiten genauso verliefen, endeten sie mit seinem Tod auf dem Scheiterhaufen am Strand. Aber rechtzeitig, gleich nach der offiziellen Eröffnung, wird ihm eine junge schöne und lebendige Königin an die Seite gestellt und gekrönt. Sie wird dafür sorgen, dass es ein fröhliches Fest wird. Dicht gedrängt stehen die Menschen auf den Tribünen, für die sie Eintrittskarten erstanden haben, und auch wer dem Zug am Boden nahe sein will, muss zuerst ein Billett vorweisen. Da sind die Gäste der teuren Hotels zu beneiden, die sich von ihren Balkons exklusiver Blicke erfreuen.

Am nächsten Nachmittag geht es weiter mit den Umzügen. Auf drei Meter hohen Stelzen kündigen Tänzer die Bataille de Fleurs an, provozieren die Ahs und Ohs der Menge, die die bunt geschmückten Wagen mit den fantastischen Blumengestecken bewundern. Zweimal kommen sie vorbei, das erste Mal zum Ansehen, aber bei der zweiten Runde werden die prachtvollen Aufbauten geplündert, von den Fahrzeugen fliegen die Blumenbüsche ins Publikum. Der Umzug windet sich an diesem Abend durch die Innenstadt. Und wieder johlen die Zuschauer, werfen tonnenweise Konfetti und sprühen Spaghetti aus der Dose in die Menge, glibbrige Plastikschnüre. Da ist manch einer froh, dass sich nicht alle Bräuche aus dem 19. Jh. erhalten haben, als die entfesselte Menge sich noch mit rohen Eiern und Mehl bewarf.

Eintrittskarten: 10–25 € je nach Umzug und Veranstaltung, Steh- und Tribünenplätze, erhältlich beim Office du Tourisme und an den Schaltern der Veranstaltungsorte

Die Tradition des Nizzaer Karnevals reicht bis ins Jahr 1294 zurück. Der farbenprächtige Umzug am »Mardi Gras« (Faschingsdienstag) wird von einem spektakulären Feuerwerk gekrönt.

Monaco und Umgebung

Das steinerne Fürstentum am Mittelmeer ist kein Operettenstaat, hat aber exotischen Reiz.

Eine Großstadt mit Hafen? Monaco erweitert seine Staatsfläche seit Jahrzehnten dadurch, dass es dem Wasser immer mehr Land abringt.

Monaco

→ S. 119, E 7

32 000 Einwohner

Stadtplan → S. 52/53

Nur sechs Hubschrauberminuten oder 18 km von Nizza entfernt beginnt eine andere Welt. Das fürstliche Leben im zweitkleinsten europäischen Staat (nach dem Vatikanstaat) spielt sich meist hinter verschlossenen Türen ab. Im November 2005 war es anders. Drei Tage lang hatte Fürst Albert II. nicht nur mit europäischem Hochadel, sondern auch mit seinem Volk das neue Amt gefeiert, das ihm sein im April 2005 verstorbener Vater Rainier III. nach 55-jähriger Herrschaft hinterlassen hat. Eine neue Palaststandarte mit doppeltem A flattert seither im Wind: Son Altesse Albert II.

Besucher brauchen etwas Fantasie, Ausdauer und Kreditkarten, um einen Abglanz dieses auf den ersten Blick so wenig märchenhaften **Steuerparadieses** zu erhaschen. Das probieren immerhin rund 6 Mio. im Jahr. Scharen gesichtsloser Hochhäuser türmen sich den Hang hinauf, Autos brausen eine verbaute Küste entlang. Weiß schwappt die Gischt hoch, und es riecht – nicht nach Meer und Urlaubsträumen, eher nach Benzin.

Mit schwimmenden Dämmen – darin Platz für 400 Parkplätze auf vier Etagen – ist 2006 der größte **Freizeithafen** der Mittelmeerküste an das Festland »angebunden« worden. Die Monegassen haben Erfahrung mit der Vergrößerung ihres Terrains. Mit ca. 1,5 qkm hat die genuesische **Familie Grimaldi** 1297 begonnen. Inzwischen ist dem Meer so viel abgerungen worden, dass die Staatsfläche 1,95 qkm misst. Der Stadtteil Fontvielle ist in den Sechzigern und Siebzigern im Meer entstanden, in der Bucht von Larvotto im Osten wird seit dem Frühjahr 2007 Land aufgeschüttet, um wieder 30 bis 40 ha Neuland zu gewinnen.

Man bewegt sich vertikal wie horizontal durch das Gebiet. Monacos Verkehrsfläche in mehreren Etagen ist zwölfmal so groß wie die eigentliche Grundfläche. Kostenlose Aufzüge bringen Fußgänger selbst zum höchstgelegenen Ort, dem **Jardin Exotique**. Die Baustelle daneben nähert sich dem 1,9 km langen Tunnel, der 2008 bis zum Nachbarort Cap d'Ail führen soll.

Im 6. Jh. v. Chr. hat ein ligurischer Volksstamm den Felsen (»Rocher«) bewohnt, die »Monoikos«, die dem Land vermutlich den Namen gaben. 122 v. Chr. eroberten die Römer die Provence, und Monaco wurde an die Region Alpes-Maritimes angeschlossen. Für seinen Feldzug nach Griechenland hatte Julius Cäsar sich in Monaco eingeschifft. 1162 sprach Kaiser Friedrich Barbarossa den Landstrich der Republik Genua zu. Das Gebiet wurde zum Schauplatz blutiger Schlachten zwischen den beiden großen genuesischen Parteien, den kaisertreuen Ghibelinen und den papsttreuen Guelfen. 1297 gelang es dem Guelfen François Grimaldi, als Mönch verkleidet, die Burg zu erobern. Zwei schwertschwingende Mönche schmücken bis heute das fürstliche Wappen. Charles I. Grimaldi vergrößerte das Fürstentum mit Menton und Roquebrune, 1489 wurde Monaco unabhängig, 1525 unter spanischen Schutz gestellt. Es blieb Spielball der Mächte, wurde abwechselnd französisch, unabhängig, wieder französisch und dann sardisch.

Seit 1861 ist das Fürstentum Monaco endgültig souverän, gab dafür Menton und Roquebrune an Frankreich ab, ist als **konstitutionelle Erbmonarchie** dem Nachbarland jedoch in Zoll-, Währungs- und Steuerfragen verbunden geblieben. Eigene Briefmarken hat es und eine eigene Telefonvorwahl (03 77), die im Land selbst aber nicht gewählt wird.

Von den 32 000 Einwohnern sind 83 % Ausländer, wobei Franzosen 31 % der Gesamtbevölkerung ausmachen. Nur 7000 sind Monegassen. Zwar ist die offizielle Sprache Französisch, Italienisch und Englisch werden aber auch gesprochen und verstanden. Monaco kennt weder Steuern noch Kriminalität noch Müll auf den Straßen. Alle Orte werden 24 Std. am Tag mit Videokameras überwacht.

Monaco lebt nicht nur von seinem Spielcasino, nur 5,1 % der Staatseinnahmen kommen aus Spielgewinnen. Einträglicher sind Immobiliengeschäfte und Industrie (Chemie, Kosmetik, Plastikverarbeitung), Banken, Handel (Luxusboutiquen und Einkaufszentren), Hightech, Finanzgeschäfte und natürlich der Tourismus.

Hotels/andere Unterkünfte

Neben den fünf Luxushotels und vier Restaurants, deren höchste Qualität Michelin-Sterne verbürgen, bietet Monaco seinen Gästen noch neun bescheidenere Häuser, aber meist mit drei Sternen, an.

Hermitage ⇢ S. 52/53, d 1

Man wird zum Star unter (vier) Sternen. Hier ist die Belle Époque noch gegenwärtig. Zierliche schmiedeeiserne Balkons schmücken die üppig dekorierte Seeseite, über dem Wintergarten wölbt sich feinster Jugendstil.

Square Beaumarchais, Monte Carlo; Tel. 03 77/98 06 40 00, Fax 98 06 38 52; www.montecarloresort.com; 229 Zimmer ●●●● CREDIT

Balmoral ⇢ S. 52/53, d 2

Das Haus wurde 1896 erbaut und liegt ruhig abseits vom Trubel der Stadtmitte. Man hat einen traumhaften Blick über den Hafen Hercule und den Grimaldi-Felsen.

12, av. de la Costa, Monte Carlo; Tel. 03 77/93 50 62 37, Fax 93 15 08 69; www.hotel-balmoral.mc; 65 Zimmer ●●● CREDIT

Hôtel de Paris ⇢ S. 52/53, e 1

Monte Carlos schönstes Stück, 1865 schon eröffnet als angemessene Unterkunft für die berühmten Gäste aus fernen Adelshäusern. Kristalllüster und Marmorsäulen der Belle Époque bezaubern auch heute noch, allerdings haben sich die Luxusvorstellungen geändert, und so gibt es – wie beim Hermitage – einen direkten Zugang zu **Les Thermes Marins** (www.montecarlospa.com), die zu den besten Wellnesseinrichtungen der Welt gehören.

Place du Casino, Monte Carlo; Tel. 03 77/98 06 38 49, Fax 98 06 38 50; www.montecarloresort.com; 191 Zimmer ●●● CREDIT

Hôtel de France ⇢ S. 52/53, b 4

In Bahnhofsnähe und im Quartier La Condamine liegt dieses kleine, bunte Hotel mit hübschen Zimmern, einige haben sogar Balkons.

6, rue de la Turbie; Tel. 03 77/93 30 24 64, Fax 92 16 13 34; www.monte-carlo.mc/france; 26 Zimmer ●● CREDIT ♿

Le Versailles ⇢ S. 52/53, b 4

Das kleinste der wenigen Zwei-Sterne-Hotels, mit französisch-italienischem Restaurant, liegt zwischen Bahnhof und Le Rocher (Altstadt), nur wenige Minuten von Monte Carlo entfernt.

4, av. Prince-Pierre, Monaco; Tel. 03 77/93 50 79 34, Fax 93 25 53 64; www.monte-carlo.mc/versailles; 15 Zimmer ●● CREDIT

Diana ⇢ S. 52/53, c 1

Zwischen Monaco und Frankreich, aber schon auf dem Terrain von Beausoleil, liegt die einfache und günstige Unterkunft, ca. 10 Min. sind es zum Casino.

17, bvd. de Général Leclerc, Beausoleil; Tel. 04 93 78 47 58, Fax 04 93 41 88 94; www.monte-carlo.mc/hotel-diana-beausoleil; 35 Zimmer ● VISA

Spaziergang

Monaco ist kein Ort zum Spazierengehen, eher zum Klettern, wenn man sich nicht gerade per kostenlosem Aufzug hin- und herbefördern lässt und sich immer wieder zwischen hoch aufstrebendem Beton befindet. Viele alte Häuser sind längst abgerissen, um neuen zweckmäßigen, eben hohen Bauten Platz zu machen. Die meisten Sehenswürdigkeiten findet man auf dem Felsen **Monaco-Ville**, Casino und

Jeden Tag pünktlich um 11.55 Uhr klicken die Kameras: Wachablösung auf der Place du Palais (→ S. 54) vor dem Fürstenpalast in Monaco.

Kongresszentrum in **Monte Carlo**, dazu alle denkbaren Edel-Boutiquen von Bulgari über Dior bis Hermès.

SEHENSWERTES

Automobilausstellung (Collection de Voitures Anciennes)

⇢ S. 52/53, b 5/6

Seine Hoheit, Fürst Rainier, sammelte: Dion Bouton 1903, Bugatti 1929, Lamborghini Countach 1986, Rolls Royce 1952. Wer den Citroën Torpedo der Serie der grünen Straßenkreuzer nicht kennt: Hier steht er mit etwa 100 anderen Automobilen, ganz immobil.

Esplanade Rainier III (Fontvieille); tgl. 10–18 Uhr; Eintritt 6 €, erm. 3 €

Casino ⇢ S. 52/53, ef 1

5 Onyxsäulen, Fresken, Skulpturen und Uniformen im mit Marmor ausgelegten Atrium. Von da an wird's profan. Emsige Hausfrauen stapeln Chips neben eilig bediente Automaten, lethargische Männer starren Pferden auf Bildschirmen hinterher und haben keinen Blick für die schönen bunten Glasfenster, die allegorischen Malereien und Bronzeleuchter. Unter einem riesigen Spiegel werden junge Croupiers eingewiesen.

Im Haus, das der Architekt der Pariser Oper, Charles Garnier, 1878 baute, befindet sich auch der rot-goldene Opernsaal **Salle Garnier**.

Pl. du Casino; tgl. ab 12 Uhr für alle ab 21 Jahren (Personalausweiskontrolle!)

Cathédrale ⇢ S. 52/53, d 6

In der 1875 in romanisch-byzantinischem Stil aus weißen Turbie-Steinen erbauten Kirche versteckt sich eines der Hauptwerke von Louis Bréa, der **Retable de St-Nicolas**. Die meisten Besucher kommen wegen der **Fürstengräber**. Rainier III. und seine Frau Gracia Patricia sind hier beigesetzt.

4, rue Colonel-Bellando-de-castro; Sept.–Juni So 10 Uhr Messe mit den monegassischen Sängerknaben

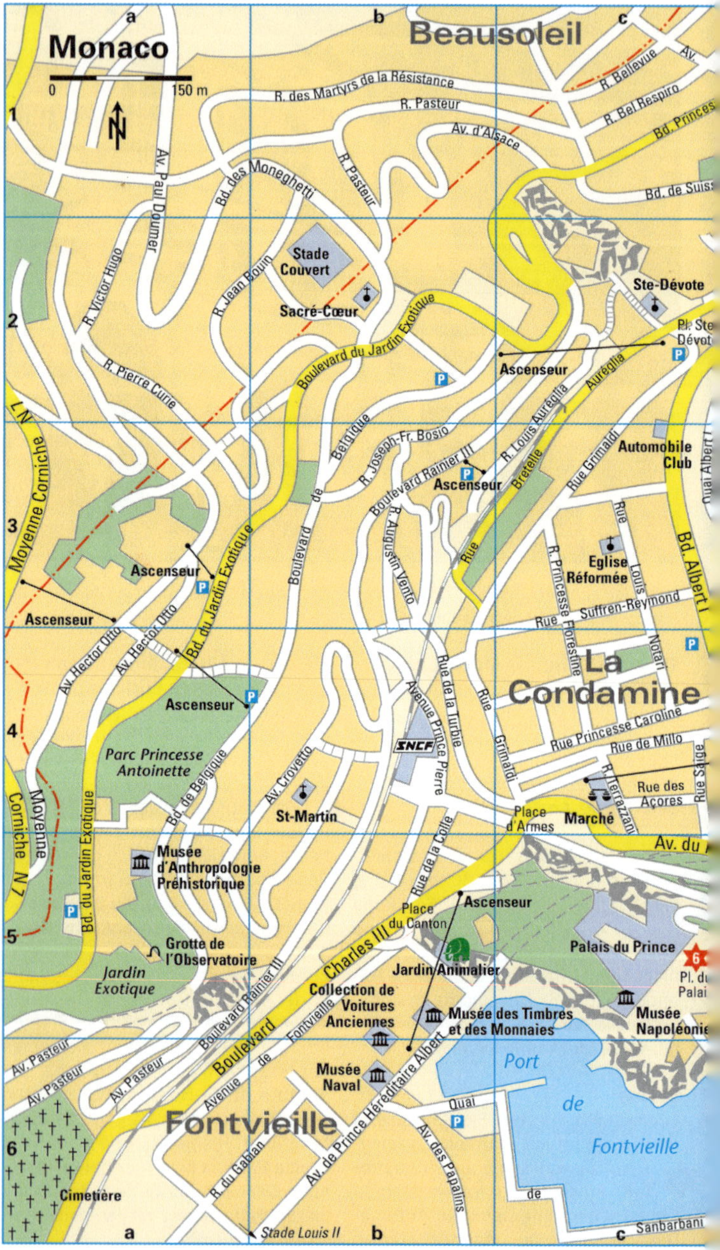
Monaco
0 150 m
Beausoleil
La Condamine
Fontvieille
R. des Martyrs de la Résistance
R. Pasteur
Av. d'Alsace
R. Bellevue
R. Bel Respiro
Bd. Princesse
Bd. de Suisse
Bd. des Moneghetti
Av. Paul Doumer
R. Victor Hugo
R. Jean Bouin
Stade Couvert
Sacré-Cœur
Boulevard du Jardin Exotique
R. Pierre Curie
Ste-Dévote
Pl. Ste Dévote
Ascenseur
Aureglia
R. Louis Auréglia
Bretelle
Rue Grimaldi
Automobile Club
Boulevard de Belgique
R. Joseph-Fr. Bosio
Boulevard Rainier III
R. Augustin Vento
Moyenne Corniche
Bd. du Jardin Exotique
Av. Hector Otto
Eglise Réformée
R. Princesse Florestine
Rue Louis Notari
Rue Suffren-Reymond
Bd. Albert I
Quai Albert I
Parc Princesse Antoinette
Bd. de Belgique
Av. Crovetto
St-Martin
SNCF
Avenue Prince Pierre
Rue de la Turbie
Rue Grimaldi
Rue Princesse Caroline
Rue de Millo
R. Terrazzani
Rue des Açores
Rue Saige
Place d'Armes
Marché
Av. du
Corniche N 7
Moyenne
Musée d'Anthropologie Préhistorique
Rue de la Colle
Place du Canton
Grotte de l'Observatoire
Jardin Exotique
Boulevard Rainier III
Boulevard Charles III
Jardin Animalier
Palais du Prince
Pl. du Palais
Collection de Voitures Anciennes
Musée des Timbres et des Monnaies
Musée Napoléonien
Av. Pasteur
Avenue de Fontvieille
Av. de Prince Héréditaire Albert
Musée Naval
Port de Fontvieille
Quai
Av. des Papalins
R. du Gabian
Cimetière
Stade Louis II
de Sanbarbani
a
b
c
1
2
3
4
5
6
P

Monte Carlo
Café de Paris
Place du Casino
Grand Casino
Grimaldi Forum, Sporting Monte Carlo
Sporting d'Hiver
Av. Princesse Alice
Bd. de Suisse
Sq. Beau-marchais
Av. de la Costa
Av. de l'Hermitage
Av. de Monte Carlo
Larvotto
Centre de Congrès, Auditorium
Pointe Focinana
Bd. du Larvotto
Ascenseur
Bd. Louis II
Av. d'Ostende
Av. Prés. J. F. Kennedy
Quai des Etats-Unis
Port Hercule
Théâtre du Fort Antoine
Yacht Club de Monaco
Quai Antoine I
Av. de la Quarantaine
Av. de la Porte Neuve
Av. des Pins
Monaco
Musée de la Chapelle de la Visitation
Av. St-Martin
Musée Océanographique
Historial des Princes de Monaco
Mairie
Rue Emile de Loth
Jardins St-Martin
Pointe St-Martin
© MERIAN-Kartographie

Im Musée Océanographique hat Albert I. von Monaco viele meereskundliche Exponate zusammengetragen, die das renommierte Museum anschaulich dokumentiert.

Jardin Exotique → S. 52/53, a 5
Zwischen 7000 Euphorbien, lateinamerikanischen Kakteen, blickt man immer wieder von den Felsenflanken über das Fürstentum auf das Meer. Rund 60 m tief im Gestein liegt die prähistorische Grotte des Observatoriums mit Stalagmiten und Stalaktiten.
Bd. du Jardin (Moyenne Corniche); 15. Mai–15. Sept. tgl. 9–19, sonst bis 18 Uhr, Mitte Nov.–Ende Dez. geschl.; Eintritt 6,90 €, erm. 3,60 €

Monte Carlo Story → S. 52/53, e 5
»Monaco – der Film« zeigt in 35 Minuten die spannende Geschichte der Fürsten und Prinzessinnen von Monaco von 1297 bis heute. Dazu eine Simultanübersetzung in sechs Sprachen: Französisch, Englisch, Deutsch, Italienisch, Spanisch und Holländisch.
Terrasses du Parking des Pêcheurs; Jan.–Juni, Sept., Okt. tgl. 14, 15, 16 und 17, Juli, Aug. auch 18 Uhr; Eintritt 7 €, erm. 3,50 €

Place du Palais → S. 52/53, c 5
Pünktlich um 11.55 Uhr klicken die Kameras zur **Wachablösung**. Wer den Blick wendet, hat eine traumhafte Sicht auf Hafen, Monte Carlo und Italien, über die Kanonen Ludwigs XIV. hinweg, und hinter der Pinienpromenade zum Stadtteil Fontvielle. Ganz zierlich, kleinteilig, alt und sehr, sehr gepflegt – beinahe wie eine Operettenkulisse? – wirkt Monaco auf dem Felsen (»Rocher«). Flattert auf dem Turm Ste-Marie des Fürstlichen Palais die Flagge, ist der Fürst zugegen. 6

Mit dem **Ehrenhof** – ca. 3 Mio. Kieselsteine wurden zu geometrischen Figuren gelegt – begann 1215 der Bau des Palastes (**Palais du Prince**) dort, wo einst eine Genuesenfestung stand. Man kann die Italienische Galerie, den blau-goldenen Salon Ludwigs XIV., den mit Arabesken geschmückten Salon Mazarin und den Thronsaal mit Renaissancekamin von Juni bis Oktober besichtigen.
April tgl. 10.30–18, Mai–Sept. 9.30–18.30, Okt. 10–17.30 Uhr; Eintritt 7 €, erm. 3,50 €; im Sommer Hofkonzerte

Museen

Musée National → S. 52/53, nördl. f 1
Das Nationalmuseum ist ein Spielautomaten- und Puppenmuseum, in einer schönen alten Villa im Stil Charles Garniers eingerichtet. Eine umfangreiche Puppensammlung, größtenteils aus dem 19. Jh., wird gezeigt, während der Führung hört man die Musikautomaten, und auch eine neapolitanische Krippe ist zu bewundern.
17, av. Princesse-Grace; Ostern–Sept. tgl. 10–18.30, Okt.–Ostern 10–12.15 und 14.30–18.30 Uhr; Eintritt 6 €, erm. 3,50 €

Musée Naval → S. 52/53, b 6
Das Schifffahrtsmuseum birgt eine interessante Sammlung mit über 250 Modellen und Objekten zur Geschichte der Marine von der Antike bis heute.
Terrasse de Fontvielle; tgl. 10–18 Uhr; Eintritt 4 €, erm. 2,50 €

Musée Océanographique
→ S. 52/53, e 5
Das Meereskundemuseum und sein Aquarium sind allein einen Besuch in 7 Monaco wert. Fürst Albert I., selbst ein renommierter Meereswissenschaftler, weihte es 1910 nach elfjähriger Bauzeit ein. Es besteht aus 100 000 t Gestein aus La Turbie. Die 85 m hohe Fassade überragt die Felsenküste, und Forschungslaboratorien reichen bis zum Meeresspiegel. In den imposanten Sälen sind eindrucksvolle Sammlungen, die Albert I. seinerzeit höchstselbst zusammengetragen hat, sowie Modelle der Forschungsschiffe zu sehen. Im Tiefgeschoss tummeln sich in 90 Becken Fische aus allen Meeren der Erde.
Av. St-Martin; April–Juni und Sept. tgl. 9–19, Juli, Aug. 9–20, Okt.– März 10–18 Uhr; Eintritt 11 €, erm. 6 €

Musée des Timbres et des Monnaies
→ S. 52/53, b 5
Briefmarkensammler werden ihre Freude haben: philatelistische Raritäten des Fürstentums – aus der Sammlung seiner Hoheit –, Modelle, Prägestempel, Handpresse, Stahlgravuren. Und dass man sich hier auch mit Münzen auskennt, versteht sich von selbst.
Esplanade Rainier III, Monte Carlo (Fontvielle); tgl. 10–17, im Sommer bis 18 Uhr; Eintritt 3 €, erm. 1,50 €

Essen und Trinken

Bar et Bœuf
→ S. 52/53, nördl. f 1
Meister Alain Ducasse betreibt sein Sommer-Restaurant nur von Mitte Mai bis Mitte September im Sporting Monte Carlo. Der Name ist Programm: »bar« ist der Meerbarsch und »bœuf« das Rind, beides gekonnt wie minimalistisch vom Sternekoch angerichtet. Das Design auf dem Teller ist wie das Drumherum von edelster Qualität, und das alles hat natürlich seinen Preis.
Av. Princesse-Grace, Laqrvotto; Tel. 03 77/98 06 71 71; nur abends ●●● CREDIT

Le Castelroc
→ S. 52/53, c 5
Monegassische Küche gegenüber dem Fürstenpalais: Meeresfrüchte und Stockfisch mit Knoblauch, Tomaten, Wein und Oliven sind die Spezialitäten des Hauses. Immer voll, Reservierung empfohlen.
Place du palais; Tel. 03 77/93 30 36 68; Sa und Jan. geschl. ●●● CREDIT

Polpetta
→ S. 52/53, d 2
Rustikale Trattoria, in der neben hervorragenden Antipasti hausgemachte Pasta und ein traumhaftes Meeresfrüchterisotto serviert werden.
6, av. de Roqueville; Tel. 03 77/ 93 50 67 84; Di und Sa mittags geschl. ●●● CREDIT

Le Périgourdin
→ S. 52/53, nördl. f 1
Der Patron kommt aus dem Périgord und liebt Enten, in jeder denkbaren Form köstlich zubereitet. Auch Fischliebhaber werden hier ihre Freude haben. Viel junges Volk.
5, rue des Oliviers, Monte Carlo; Tel. 03 77/93 30 06 02; Sa mittags und So geschl. ●● AmEx DINERS

Tony
→ S. 52/53, c 5
Ein richtiges provenzalisches Bistro in der Nachbarschaft des Fürstenpalastes. Auf den Tisch kommen u. a. ordentliche Muscheln und gute Weine.

MERIAN-Tipp

5 Café de Paris

Hier muss man sitzen, denn hier sitzen alle. Vielleicht auch Boris Becker oder Jean-Paul Belmondo. Auf jeden Fall sieht man viel Fallschirmseide und Fotoapparate. Manche blicken vorher auf die Karte, es ist auch nicht teurer als anderswo, also kann man durchaus einen Kaffee bestellen. Hinter den Nobelschlitten gegenüber ist der Eingang ins weltberühmte Casino.

Pl. du Casino, Monte Carlo;
tgl. 11.30–1 Uhr → S. 52/53, e 1

6, rue Comte-Félix-Gastaldi, Monte Carlo; Tel. 03 77/93 30 81 37; Sa außerhalb der Saison geschl. ●

Le Bambi ⇢ S. 52/53, c 4
Italienische Küche zu zivilen Preisen, besonders günstige Tagesgerichte.
11, rue Princesse-Antoinette; Tel. 03 77/93 30 35 06, So–Fr 11–15 und 18–23 Uhr ●

Quai des Artistes ⇢ S. 52/53, d 4
Brasserie am Hafen mit Terrasse, herrlichem Blick und preisgünstigen Menüs.
2, quai Antoine 1er; Tel. 03 77/97 97 97 77 ●

Einkaufen

Alle größeren Luxusmarken sind in Monaco vertreten, ob Gucci, Hermès, Valentino oder Prada und Lalique, Cartier, Bulgari, Louis Vuitton, Piaget, Dior oder Yves Saint Laurent. Die Geschäfte sind außer sonntags von 9–12 und 15–19 Uhr geöffnet.

Einkaufsstraßen gibt es im Hôtel Hermitage, in Monaco-Ville (⇢ S. 52/53, e 5), in La Condamine in der Rue Grimaldi (b/c 4) und der Rue Princesse Caroline (c 4) in der Fußgängerzone, und in Monte Carlo kann man im Shopping Centre Commercial Le Métropole, Av. de la Madone (e 1) shoppen, ebenso in der Galerie du Park, Bvd. des Moulins (nördl. e 1), in der Av. des Beaux-Arts, am Bvd. Italie und in der Av. Princesse Grace.

Am Abend

Viele Hotels haben eine eigene Piano-Bar. Berühmteste Disco ist **Jimmy'z** beim Freizeitzentrum Le Sporting in Monte Carlo, aber wer genügt schon dem strengen Blick der Türsteher? Das **Cabaret du Casino** bietet von Mitte Sept. bis Ende Juni Mi–Mo Showprogramme (ab 23 Uhr). Zahlreiche Spielcasinos locken Gäste aus dem Ausland, Monegassen ist es hingegen verboten, ihr Geld zu verspielen (→ MERIAN-Spezial, S. 62).

New Open Air Cinema ⇢ S. 52/53, e 5
Europas größte Leinwand unter freiem Himmel erwartet Cineasten im Sommer jeden Abend mit Filmen in Originalversion mit Untertiteln.
Auf den Dachgärten der Terrassen des Parking des Pêcheurs neben dem Meeresmuseum; Tel. 03 77/93 25 86 80

Service

Auskunft

Office du Tourisme ⇢ S. 52/53, nördl. e 1
2A, bd. des Moulins, Monte Carlo, 98030 Principauté de Monaco Cedex; Tel. 0 03 77/92 16 61 16, Fax 0 03 77/92 16 60 00; www.monaco-tourisme.com

Helikopter-Rundflüge ⇢ S. 52/53, südl. b 6
Héli Air Monaco, Av. des Ligues; Tel. 03 77/92 05 00 50
Monacair; Tel. 03 77/97 97 39 00

Schwimmen
Zahlreiche Bade- und Schwimmanlagen kann man in Monaco benutzen. Ein öffentlicher bewachter Strand mit Duschen, Umkleideräumen, Restaurants und Boutiquen befindet sich neben dem Grimaldi-Forum in Larvotto (⇢ S. 52/53, nördl. f 1). Dort gibt es auch den Behinderten-Beach.

Stadtrundfahrt

Azur Express ⇢ S. 52/53, e 5
Die Touristen-Kleinbahn in den Nationalfarben bringt Fremde in 30 Min. auf einer Stadtrundfahrt (tgl. in französischer, italienischer, englischer und deutscher Sprache) zum Hafen, zu den Palasthotels, zum Spielcasino, zur Altstadt und zum Fürstenplatz.
Abfahrt: Musée Oceanographique; tgl. ab 10.30 Uhr

Veranstaltungen
Im Januar finden die **Rallye Monte Carlo** und die **Historische Rallye** in den Straßen statt. Vier Tage lang rasen im Mai die Teilnehmer des **Grand**

Prix Automobile de Monaco durch die engen Straßen, und im September gibt es die **Monte Carlo Classic Week,** bei der alle zwei Jahre Klassiker der Meere, Motorjachten verschiedener Epochen und traditionelle Segelboote, zu sehen sind.

Ziele in der Umgebung

Beaulieu-sur-Mer

4300 Einwohner → S. 119, E 7

Der »schöne Ort« (= »beau lieu«) liegt, vor Nordwind geschützt und daher mit üppiger Vegetation, an der Ameisenbucht (**Baie des Fourmis**) zwischen Monaco und Nizza. Besucher schätzen einen der besten Sportboothäfen an der Küste, manche auch die Feriensiedlung »Petite Afrique«.

Mit der **Villa Kérylos** ließ sich der Archäologe Theodor Reinach Anfang des 20. Jh. einen antiken griechischen Palast mit Fresken, Mosaiken und Skulpturen auf einer Landzunge an der Bucht errichten (15. Feb.–11. Nov. 10.30–18, Juli, Aug. bis 19, 15. Dez.–14. Feb. Mo–Fr 14–18, Wochenende und Ferien 10.30–18 Uhr; Eintritt 12 €).

11 km westl. von Monaco

Èze

→ S. 119, E 7

2500 Einwohner

Mauern aus dem 17. Jh. umgeben das winzige **Èze-Village** an der mittleren Corniche, das auf 427 m Höhe von einer Burgruine und einem exotischen Garten gekrönt wird. Boutiquen und Souvenirläden säumen die engen Kopfsteinpflastergassen (die im Sommer von Touristen verstopft sind) bis hinauf zum **Château Eza**, wo freundliches Personal eines hervorragenden Restaurants die Gäste auf der Terrasse bedient (Tel. 04 93 41 12 24; Di und Mi geschl. ●●● CREDIT). Über den **Friedrich-Nietzsche-Weg** (der Philosoph soll hier 1884 den dritten Teil seines Meisterwerkes »Also sprach Zarathustra« entworfen haben) klettert man in einer guten Stunde hinunter nach **Èze-Bord-de-Mer**.

8

10 km westl. von Monaco

Hotels/andere Unterkünfte

L'Hermitage du Col d'Èze

Wunderbar gelegener Familienbetrieb oberhalb des Ortes.

1951, grande Corniche; Tel. 04 93 41 00 68, Fax 04 93 41 24 05; www.eze-riviera.com/hermitage; 14 Zimmer ●● CREDIT

Über Èze und Mittelmeer sitzt man, der Welt entrückt, beim »café«.

Gorbio

→ S. 119, E 6

1150 Einwohner

Bekannt ist das mittelalterliche Dorf über Menton wegen seiner Schneckenprozession (**Procession aux Limaces**) an Fronleichnam. Wie in Roquebrune werden Schneckenhäuser mit Öl gefüllt und einem Docht versehen. Tausende dieser Lichter brennen am Straßenrand und auf Fensterbänken, während sich die Büßer des Midi in Gorbio treffen. Schöne Wanderwege führen hinunter nach Roquebrune (ca. 1,5 Std.) und Ste-Agnès (2 Std.).

12 km nördl. von Monaco

Menton

→ S. 119, E 7

25 500 Einwohner

Mentone, so schreiben Erika und Klaus Mann, sei »altertümlich, wie Monte, aber ohne die Großstiligkeit«. Das war 1931, da erinnerten sich die beiden schon an die »guten alten« Zeiten von Monte Carlo, da war es schon fast 70 Jahre her, dass Napoleon III. das aufmüpfige Städtchen, vor 600 Jahren das letzte Mal italienisch, den Grimaldis abgekauft hatte.

Mondän ist Menton wirklich nicht. Es ist auch nicht, wie oft zu lesen ist, ein Altersheim für Begüterte, auch wenn hier viele betuchte Rentner ihren Alterswohnsitz haben. Das bunte Städtchen, wie aus dem benachbarten Ligurien »gefallen«, zieht sich an einem steilen Hang hinauf. An der Barockkirche **Saint-Michel**, deren Vorplatz das Grimaldi-Wappen schmückt, halten auch Jüngere erleichtert zum Luftholen an. Kein Problem bei dem Blick: erst einmal – natürlich – das Meer, die **Promenade du Soleil**, der Hafen hinter dem **Cocteau-Museum**, links die ausgedehnten Sandstrände und dann, kaum zu ahnen, der wirkliche Reichtum der Stadt ohne Betonsilos: die **Gärten**, üppig und ohne Zahl, die meisten im feinen Viertel **Garavan**. Dies ist die Stadt, in der mehr als die Zitronen blühen. Kein Wunder, bei einer durchschnittlichen Januartemperatur von 17 Grad Celsius!

11 km nordöstl. von Monaco

Hotels/andere Unterkünfte

L'Aiglon

Zur prachtvollen alten Villa gehören Frühstücksterrasse und Swimmingpool, zudem ein sehr gutes Restaurant im Gartenpavillon.

7, av. de la Madone; Tel. 04 93 57 55 55, Fax 04 93 35 92 39; www.hotelaiglon.net; 29 Zimmer ●●● CREDIT

Chambord

Mitten in der Altstadt, neben dem Palais d'Europe im Art-déco-Stil, wirkt es zunächst etwas kühl. Es hat geräumige Zimmer, und trotz Stadtlage sind es nur wenige Minuten bis zum Meer.

6, av. Boyer; Tel. 04 93 35 94 19, Fax 04 93 41 30 55; www.hotel-chambord.com; 40 Zimmer ●●● CREDIT

Sehenswertes

Église Saint-Michel

Der Vorplatz ist eine barocke Inszenierung gesellschaftlichen Lebens mit dem religiösen Zentrum der Kirche und dem Repräsentanten weltlicher Zünfte, der Büßerkapelle. In der Basilika (17. Jh.) schweift der Blick zum Gewölbe des Mittelschiffs mit Trompe-l'œil-Malereien.

Gärten

Eine Fülle wunderschöner, fast immer exotischer Gärten haben im 19. Jh. begüterte Engländer in und um Menton angelegt. Hier fanden sie das Klima, das Gewächshäuser überflüssig und aus Menton die wichtigste Gartenstadt der gesamten Küste machte. Da nicht alle Gartenanlagen immer geöffnet sind und manche nur mit Führung besichtigt werden können, empfiehlt sich ein Besuch bei der **Maison du Patrimoine**, (5, rue Ciapetta; Tel. 04 92 10 33 66), wo ein hervorragender Führer erhältlich ist.

MERIAN-Tipp

6 Jardin Botanique Exotique de Val Rahmeh

Eine botanische Weltreise auf einem Hektar Land über der Bucht von Garavan, von Lord Radcliff, Gouverneur Maltas, am Ende des 19. Jh. in spanisch-maurischem Stil angelegt. Hier wächst nicht nur das einzige Exemplar der »Sophora Toromino«, des mystischen Baumes der Osterinseln, zwischen Bassins und Brunnen entdeckt man sogar eine Fülle nahrhafter Früchte wie Kiwis, Avocados und Bananen. Der Garten ist seit 1966 gepflegte Zweigstelle des Musée Nationale d'Histoire Naturelle in Paris.

Av. St-Jacques; April–Sept. 10–12.30 und 15.30–18, sonst 14–17 Uhr; Eintritt 5 €, erm. 2,50 € → S. 52/53, nördl. c 1

Jardin des Colombières
Vom Maler, Zeichner und Landschaftsgestalter Ferdinand Bac in den Jahren 1818/1819 wie eine Reise um das Mittelmeer mit Zypressen und Oliven angelegt.
Route des Colombières

Jardin de Maria Serena
Im mildesten Klima Frankreichs gedeihen Palmen und Farne. Die Villa hat der Architekt der Pariser Oper, Charles Garnier, 1880 für Ferdinand Lesseps, den Konstrukteur des Suezkanals, entworfen.
21, promenade Reine-Astrid (nur mit Führung) Di 10 Uhr; Eintritt 5 €

La Serre de la Madone
In diesen traumhaft verwilderten Gartenterrassen fühlt man sich wie in eine andere Zeit versetzt. In dem ersten französischen Garten, der unter Denkmalschutz gestellt wurde, gibt es eine Fülle botanischer Raritäten zu bewundern.
74, route de Gorbio (Bus Nr. 7, Serre de la Madone); April–Okt. 10–18, Dez.–März 10–17 Uhr, Führung Di und Fr 15 Uhr; Eintritt 8 €, erm. 4 €

Hôtel de Ville
Den ungewöhnlichen **Hochzeitssaal** (Salle des mariages) hat Jean Cocteau 1957/1958 gestaltet: eine Inszenierung in Gelb und Gold, in der Fischer und Zitronenpflückerin unter der Sonne in einem einzigen Pinselstrich verbunden sind.
Pl. Ardoino; Mo–Fr 8.30–12.30 und 13.30–17 Uhr; Eintritt 1,50 €

Museen

Musée Jean Cocteau
Der Künstler hat das kleine Fort (1636) am Hafen ab 1956 selbst restauriert und zu seinem »Vermächtnis« erklärt. Tapeten, Treppen, Vitrinen und selbst das Kieselsteinmuster hat er ersonnen. Fertig sah er es 1967 nicht mehr.
Quai Napoléon III; im Sommer Mi–Mo 10–12 und 15–19, im Winter 14–18 Uhr; Eintritt 3 €

Vom Kieselsteinmuster bis zu den Tapeten ist alles vom Künstler selbst ersonnen. Das Fort am Hafen Mentons ist Jean Cocteaus Vermächtnis.

Musée de la Préhistoire Régionale
Eine Million Jahre Menschheitsgeschichte an der Côte d'Azur: Fundstücke aus archäologischen Grabungen (der »Grimaldi-Mensch«), Modelle, audiovisuelle Programme. Im Untergeschoss Volkskunst und -tradition.
Rue Lorédan-Larchey (Rathausnähe); im Sommer Mi–Mo 10–12 und 15–19, im Winter 14–18 Uhr; Eintritt frei

Essen und Trinken

Le Lion d'Or
Üppige Dekoration und warmherzige Begrüßung der vielen Stammgäste sowie ausgezeichnete Fischgerichte; gleich neben der Markthalle.
7, rue des Marins; Tel. 04 93 35 74 67; So abend und Mo geschl. ●●● ▭

Lanzi
Kleines, feines italienisches Restaurant in einer Seitenstraße, mit selbstverständlich hausgemachten Nudeln, sehr gutem Carpaccio und Fischgerichten auf Bestellung.
40, rue Partouneaux (Impasse Bellecour); Tel. 04 93 28 18 40 ●● CREDIT

Au Pistou
Familiäres Restaurant am alten Hafen, das in Menton schon als Institution angesehen wird. Im Bistro mit Terrasse wird traditionelle Mittelmeerküche serviert.
9, quai Gordon Bennett; Tel. 04 93 57 45 89; Mo geschl. ● ▭

L'Auberge provençal
Klein, freundlich, günstig, versteckt in einer Seitengasse und unübertroffen.
11, rue Trenca ● ▭

Einkaufen

Die **Markthalle**, vor mehr als 100 Jahren in florentinischem Stil gebaut, ist von Dienstag bis Sonntag jeden Vormittag Treffpunkt der Hausfrauen und der Köche. Sogar rundherum breiten sich Stände aus, und man findet alle regionalen Spezialitäten: »socca« (Kichererbsenpfannkuchen), »barbajuan« (große Ravioli) oder »fougasse« (Gebäck mit Orangen-, Mandel- oder Anisgeschmack). Nach dem Einkaufen trifft man sich auf einen Plausch im Café an der Place aux Herbes, freitags beim Antiquitätenmarkt.

Freitag ist auch Markttag in **Ventimiglia**. Dann sind am Vormittag Züge und Busse voll mit Marktbesuchern und nachmittags zur Rückfahrt ebenfalls; dann ist der Platz wegen der gefüllten Taschen noch knapper. Hunderte von Ständen sind aufgereiht, tausende Menschen wühlen in (vermeintlichen) Schnäppchen.

Service

Auskunft
Office du Tourisme
Palais de l'Europe, 6, av. Boyer, 06503 Menton; Tel. 04 92 41 76 76, Fax 04 92 76 78; www.villedementon.com

Roquebrune-Cap Martin

11 600 Einwohner → S. 119, E 7

Unten ein modernes Seebad (**Cap Martin**), oben am rotbraunen Fels die Burg der Grafen von Ventimiglia – dort, wo vor 150 Jahren nichts als ein verlassenes Dorf lag. Unten bleibt die Highsociety unter sich, oben darf man durch gepflegte Ladengässchen streifen und die **mittelalterliche Burg** besichtigen (im Sommer tgl. 10–12 und 14–19, Winter bis 17 Uhr). Auf dem **Gemeindefriedhof**, am selbst entworfenen Grabmal, ist der Architekt **Le Corbusier** (Charles Edouard Jeanneret, 1887–1965) begraben.
6 km nordöstl. von Monaco

Sainte-Agnès → S. 119, E 6

1100 Einwohner

Oberhalb von Menton, in etwa 780 m Höhe und fast mit der Felswand verschmolzen, liegt das pittoreske Ausflugsziel. In Sainte-Agnès gibt es noch altes Kopfsteinpflaster und Passagen-

gewölbe sowie zahlreiche hübsche Kunstgewerbelädchen.
21 km nördl. von Monaco

Tende

S. 119, F 5

2100 Einwohner

Bis 1947 hieß der Ort noch Tenda, wurde erst danach französisch und wirkt heute mit seinem dunklen Schiefer etwas düster. Aber dann erreicht man die große **Kirche** mit orangefarbenem Turm und farbenfreudiger Front über dem üppig verzierten Renaissanceportal. Leuchtend blau ist die Decke und mit grandiosen Bildern geschmückt. Man klettert weiter bis zum alten terrassierten **Friedhof**. Rechts davon überragt der Mauerrest einer Burg den Berg, links führt ein Wanderweg für Profis in die Berge: Wer vom Bahnhof hochblickt, kann die Seilbrücke zwischen den Bergen gleich in Augenschein nehmen.

Mit zwölf parallelen Motivsäulen der rätselhaften Felszeichnungen im Mercantour lockt seit 1996 das **Musée des Merveilles** in seine Ausstellung. Dort sieht man originalgetreue Abgüsse der Funde, und Dioramen erzählen vom Leben in vorchristlicher Zeit (Av. du 16-Septembre-1947; Mi–Mo 10.30–18.30, Sa bis 21 Uhr).
70 km nördl. von Monaco

La Turbie

S. 119, E 7

3000 Einwohner

Von weitem schon sieht man das Denkmal **Trophée des Alpes** (oder d'Auguste), mit dem der römische Senat sechs Jahre vor unserer Zeitrechnung Kaiser Augustus dafür ehrte, dass er acht Jahre zuvor die rebellischen ligurischen Stämme unterworfen hatte. Ludwig XIV. ließ es 1705 während des Spanischen Erbfolgekrieges (mit dürftigem Erfolg) sprengen, und zu Beginn des 20. Jh. wurde es so erneuert, wie es sich heute, in einem Park, präsentiert. Finanziert wurde der Aufbau von einem französischen Ehepaar. Ein **Museum** zeigt archäologische Sammlungen (9, pl. Théodore de Banville; April–20. Juni tgl. 9.30–18, 21. Juni–20. Sept. bis 19, sonst 10–17 Uhr).
8 km westl. von Monaco

Dioramen mit lebensgroßen Figuren erzählen im Musée des Merveilles in Tende die Frühgeschichte in der Mercantour-Region.

Arm oder reich werden

Roulette und Black Jack, Royal Ascot und Video Poker – überall winkt das Spiel mit dem Glück.

Es ist unmöglich, Monaco zu besuchen, ohne das Casino von Monte Carlo zu besichtigen, diesen Prachtbau, den Charles Garnier, der Architekt der Pariser Oper, entwarf und der vielen schon als »Kathedrale der Hölle« galt. 1878 musste Fürst Charles III. den Ausweg aus einer schweren Finanzkrise finden. Die Abgaben, die die Grimaldis, Fürsten von Monaco, auf Oliven und Südfrüchte aus Menton erhoben, hatten einen Aufstand ausgelöst. Menton und Roquebrune hatten ihre Unabhängigkeit vom Fürstentum erklärt, und so war Monaco ziemlich klein geworden. Charles, nach dem Monte Carlo benannt ist, ließ ein Kasino bauen, dessen Gewinne in den Staatshaushalt flossen. Das machte sich bald bezahlt, zumal das Glücksspiel im benachbarten Frankreich verboten war. Die Steuern wurden abgeschafft, was sich bis heute bewährt, auch wenn die Staatseinnahmen längst nicht nur aus dem Kasino kommen.

Bis ins marmorgeflieste Atrium mit den 28 ionischen Onyxsäulen kommt man umsonst. Mit 10 € verschafft sich Zugang in die Spielhölle, wer volljährig und weder Monegasse noch Geistlicher ist, Papiere sind vorzuzeigen. Und dann geht es hinein in das spektakuläre Belle-Époque-Gebäude mit Marmorböden, prunkvollen Kristalllüstern unter verzierten Decken, mit Spiegeln und reichem Wandschmuck. Im **Weißen Saal** rattern die Spielautomaten, von 14 Uhr an (Wochenende ab 12 Uhr) daddeln vor allem ältere Menschen um die Wette, verlieren die bunten Bilder nicht aus den Augen, überall knattert Plastikgeld, wird angehäuft und wieder in die hungrigen Rachen der Automaten gestopft.

Im **Europa Salon** wird französisches und englisches Roulette gespielt, im **Amerikanischen Saal** Black Jack und amerikanisches Roulette, und für 20 € Eintritt öffnen sich dem gut Gekleideten – das heißt für Männer Krawatte und Jackett – ab 17.30 Uhr

die Privatsalons. Anfangskenntnisse werden erwartet. Man spielt Französisches Roulette, Chemin de fer, Black Jack, Punto Banco. Kennen Sie nicht? Zugucken ist erlaubt, aber wer sich anstecken lässt, sollte genügend Kleingeld bei sich haben, Kreditkarten werden hier nicht akzeptiert.

Spielhallen in Hülle und Fülle

Leichter zugänglich ist das Kasino des **Café de Paris**, das seinen Gästen mit ständig neuen Spielautomaten jeden Tag ab 10 Uhr das Geld aus der Urlaubskasse zieht und ab 17 Uhr mit freiem Eintritt zu Amerikanischem Roulette und Black Jack lockt. **Salon Grand Siècle** heißt das Etablissement, das ab 16 Uhr mit Royal Ascot und Video Poker seine speziellen Zocker bedient. Hinter dem Kasinogarten ist, was sich so trügerisch Spiel nennt, nicht zu Ende. In der Avenue des Spélugues lauert die nächste Versuchung namens **Sun Kasino**, dekoriert wie ein Zirkus, Ziel vor allem amerikanischer Bürger mit Spielautomaten und Roulette ... Wer morgens um ein Uhr noch mehr als Münzen im Geldbeutel hat, dem wird auch noch eine angemessene Mahlzeit serviert.

Sobald es Sommer wird, zieht es die notorischen Spieler ans Meer und zu künstlichen Palmen in den **Sporting Monte Carlo**. Die Spieltische stehen fast am Wasser, man kann zusehen, wie die Reichen noch reicher – oder ärmer – werden, ab 22 Uhr heißt es auch hier »Les jeux sont faits«, und der Eintritt ist frei.

Mit dem **Bay Kasino**, in modernem schwarz-roten Design im Monte Carlo Bay Hotel & Resort (40, av. Princesse Grace) versucht Monaco nun auch die Zögerlichen zu erobern, die davor zurückschrecken, ihr bares Geld in Jetons und Tokens umzuwandeln, weil es schon damit verloren scheint. Man weiß schließlich, die Bank gewinnt immer. Hier wird nicht getauscht, hier lassen sich 145 Spielautomaten direkt mit Euros speisen, täglich ab 12 Uhr bei freiem Eintritt.

Es gibt natürlich die schönen Geschichten von märchenhaften Gewinnen wie die von Charles Deville Wells, der es 1891 bei einem dreitägigen Spielmarathon von 400 auf 40 000 Dollar gebracht haben soll, »The Man who Broke the Bank at Monte Carlo« hieß ein Song. Aber das ist schon mehr als 100 Jahre her, und es gibt seither keinen neuen Song.

Auch für einen kurzen Blick ins Casino von Monte Carlo muss man bezahlen – aber was für eine Atmosphäre! Einarmige Banditen, Pferderennen, und Croupiers üben den – verstohlenen – Blick in den Spiegel.

Cannes und Umgebung

Croisette, Casino und Kongresse prägen den berühmten Ort der Schönen und Reichen.

Zwischen der Altstadt von Cannes und dem Mittelmeer hört man ab 20 Uhr nur noch das leise Geräusch der im Wasser schaukelnden Jachten.

Cannes

→ S. 118, C 8

75 000 Einwohner
Stadtplan → S. 69

Wenn die ersten Sonnenstrahlen die berühmte Palmenreihe der **Croisette** genannten Promenade streicheln, wird der Auftritt vorbereitet: Wasserwagen fahren vorüber, Bürgersteine vor Hotels und Restaurants werden gesäubert. Sogar der Dunst, der aus dem Meer und wenigen Schiffchen einen japanisch anmutenden Scherenschnitt gezaubert hatte, verzieht sich. Der neue Tag kann kommen. Mit ihm treten auch die sorgsam ondulierten alten Damen in Erscheinung, in Haute Couture gewandet und mit kostbarem Schmuck behängt. Wer hätte gedacht, dass es so etwas wirklich gibt? Das Stöckchen mit dem Goldknauf lehnt am Frühstückstisch. Bitte den Sonnenschirm etwas zur Seite.

Die frühen Touristen, in kurzen Hosen und weitem T-Shirt, eilen vorbei. Cannes ist eine Bühne, auch ohne Stars und Sternchen. Vielleicht auch eine Lebensart – dann jedoch eine vielschichtige, es scheint alles nebeneinander seinen Platz zu finden. Man könnte es für die Heimat von allen Verrücktheiten halten, denen von gestern und denen von heute. Und das macht die Anziehungskraft und den Reiz der Stadt aus, jedenfalls einen Teil davon. Zum anderen Teil gehören Kultur- und Business-Events am laufenden Band, es gibt Shopping- und Spiele-Festivals, dazu gesellen sich Pferde- wie Pyrotechnikmesse, Golf- und Jacht-Festival und Regatten mit entsprechendem Publikum.

Wie wäre Cannes ohne die Cholera geworden? Vielleicht genauso, nur etwas später. Jedenfalls lag es an der verheerenden Krankheit (die allerdings im nahen Nizza tobte), die es 1834 dem britischen Schatzkanzler Lord Brougham verbot, mit Töchterchen Eleonore weiterzureisen. Die wunderbare Naturkulisse – heute im Ort selbst kaum wahrzunehmen – am **Golfe de Napoule** dekorierte lange ein Fischerdorf. Der Lord ließ sich eine Villa (im **Quartier des Anglais**) bauen, er blieb nicht der Einzige. Er kam Winter für Winter, 34 Jahre lang, und nun ist er hier auch begraben. Genau wie andere auch, die sich in den Ort verliebten und sich ihre Traumpaläste ans Meer stellen ließen.

Man schlendert durch ein »architektonisches Bilderbuch« der schönsten Hotelpaläste, mit dem eleganten **Majestic** (1926) von Henri Ruhl, dem feinen **Martinez** (1929) von Charles Palmero, sieht klassisch Neo-Provenzalisches und gemäßigtes Art déco. Wie Kaskaden stürzen die Balkonvorsprünge aus weißen Mauern – alles nur Fassade, die Rückseiten sind in den meisten Fällen sehr bescheiden.

Dass Cannes nicht nur Glanzzeiten erlebte, ist daran zu erkennen, dass mancher der Paläste längst in Wohnungen aufgeteilt und verkauft worden ist. Deswegen mangelt es noch lange nicht an Luxusquartieren. Fast die Hälfte aller Vier- und Fünf-Sterne-Hotels des Départements stehen in Cannes. Dennoch wirkt Cannes wie eine einzige Operette, der schöne Schein ist nur dezent verstaubt, gerade so, dass man von Patina sprechen kann. Und ein bisschen snobistisch, das ist es auch. Dutzende von »Top-, Glamour- und Trendadressen«, drei Spielcasinos inklusive, unterhalten wohlhabende Vergnügungssüchtige bis zum Sonnenaufgang.

Wirklich berühmte Museen, Bauwerke oder Galerien gibt es nicht. Cannes-Besucher begnügen sich mit der Croisette, den Luxusboutiquen in der Rue d'Antibes und Bootsfahrten zu den Iles de Lérins.

Hotels/andere Unterkünfte

Von den insgesamt 4875 Hotelzimmern der Stadt befinden sich 2147 in Vier- und Fünf-Sterne-Häusern. Ganze 327 Tage im Jahr ist in Frankreichs zweitwichtigster Kongress-Stadt nicht nur das Festivalpalais ausgebucht, das bis 2006 noch vergrößert wurde. Dann sind Betten knapp.

Martinez → S. 69, c 2
Das Haus im Art-déco-Stil wurde 1929 eröffnet und ist ein beliebter Treffpunkt der Stars des Filmfestivals. Das Restaurant **La Palme d'Or** (→ S. 68) gilt als das beste der ganzen Küste. In der eleganten Bar kann man sich zu den Kosmopoliten gesellen. Luxuriöse Galerien reihen sich in einer Ladenzeile aneinander. Zum hoteleigenen Strand gehört außerdem ein Ponton für Wassersportler, und seit 2003 gibt es auch ein Fitness-Center. Unbezahlbarer Luxus? Aber eine Tasse Kaffee oder Tee könnte man wohl trinken.
73, bd. de la Croisette; Tel. 04 92 98 73, Fax 04 93 94 16 94; www.hotel-martinez.com; 415 Zimmer ●●●● CREDIT ♿

De France → S. 69, b 1
Art déco wie von einst verbunden mit dem Luxus von heute. Bei den Zimmern 501 bis 508 genießt man außerdem den erträumten Blick auf das Meer aus zentraler Lage.
85, rue d'Antibes; Tel. 04 93 06 54 54, Fax 04 93 68 53 43; www.h-de-france.com; 33 Zimmer ●●● CREDIT

InterContinental Carlton → S. 69, c 2
Hier sind die Super-Luxussuiten, und in der siebten Etage überblickt man Land und Meer aus sieben Panoramasuiten. Ein elegantes Haus seit 1911 mit drei Restaurants (Zimmerservice rund um die Uhr), Bars, Fitnesscenter, Ballsälen und was man vielleicht sonst noch so braucht.
58, La Croisette; Tel. 04 93 06 40 06, Fax 04 93 06 40 25; www.intercontinental.fr; 338 Zimmer ●●● CREDIT

Molière → S. 69, c 1
Ob im neuen Haus oder dem aus dem 19. Jh., modern oder klassisch eingerichtet, man bekommt schöne Zimmer in Zentrums- (und Croisette-)Nähe, viele mit Balkon. Frühstücksgarten.
5/7, rue Molière; Tel. 04 93 38 16 16, Fax 04 93 68 29 57; 24 Zimmer ●●● CREDIT ♿

Villa de l'Olivier → S. 69, a 2
Hübsches kleines Haus mit Schwimmbad in der Altstadt über dem alten Hafen gelegen und eine Viertelstunde bis zum Strand.
5, rue des Tambourinaires; Tel. 04 93 39 53 28, Fax 04 93 39 55 85; www.hotelolivier.com; 24 Zimmer ●●● CREDIT

Le Splendid → S. 69, a 2
Charmantes Hotel in Hafennähe hinter einer der schönen Belle-Époque-Fassaden. Alte Möbel, teilweise neue Bäder, und wer reserviert hat, darf einen Obstkorb erwarten. Im Erdgeschoss liegt Schwarzeneggers »Planet-Hollywood«-Restaurant.
Rue Félix Faure; Tel. 04 97 06 22 22, Fax 04 93 99 55 02; www.splendid-hotel-cannes.fr; 62 Zimmer ●●● CREDIT

La Villa Tosca → S. 69, b 1
Die Lage verspricht, trotz Nähe zum Festivalpalais, ruhige Nächte hinter einer aparten Belle-Époque-Fassade. Reizvolle Zimmer, einige mit Balkon.
11, rue Hoche; Tel. 04 93 38 34 40, Fax 04 93 38 73 34; www.villa-tosca.com; 26 Zimmer ●● CREDIT

Spaziergang

Vom **Bahnhof** geht man am besten erst einmal Richtung Meer und Festivalpalast. Da ahnt man schon, dass es – später – noch eines intensiveren Blickes in die **Rue d'Antibes** bedarf, um zu erfahren, was Reiche wie Schöne derzeit gerade tragen. Der **Festivalpalast**, eine Bausünde aus dem Jahr 1982, ist höchstwahrscheinlich von Lastwagen umstellt, die Kulissen für eine Veranstaltung an- oder abtransportieren. Wer mit dem Auto unterwegs ist, findet hier (wie auch am Bahnhof) ein Parkhaus.

Am Quai St-Pierre-la-Pantiero und am alten Hafen (**Vieux Port**) mit neuen Luxusjachten vorbei geht es die steile **Rue Saint-Antoine** hinauf (eine stattliche Zahl recht guter Restaurants reiht sich hier aneinander) zur Altstadt, »**Le Suquet**«, am Mont Chevalier. Im alten Schloss kann man – seit 1922 – das **Musée de la Castre** besuchen. Ein mittelalterlicher Wehrturm ist erhalten sowie die Kirche **Notre-Dame-d'Espérance** aus dem 16. Jh.

Nach einem Blick auf Stadt und Hafen geht es wieder hinunter, am **Marché Forville** vorbei, wo man häufig Cannes' beste Köche beim Einkaufen trifft (oder ins Restaurant »Lucullus« auf ein Glas und einen kleinen Imbiss), und die **Rue Meynadier** mit schönen Läden hinunter. Vormittags lohnt auch der Rückweg über den platanenbestandenen Platz **Allées de la Liberté** mit seinem Blumenmarkt (außer Mo, Sa Flohmarkt), bevor die Croisette »Seh-Leute« aller Art anlockt.

Sehenswertes

Espace Miramar → S. 69, c 2

Im Erdgeschoss des ehemaligen Hotels Palais Miramar ist ein Kulturzentrum mit Theater, Kino und Ausstellungssaal eingerichtet. Die Ausstellungen wechseln alle zwei Monate.

Croisette/Ecke rue Pasteur

La Croisette → S. 69, bd 2/3

Cannes Prachtstraße sollte die Promenade des Anglais in Nizza imitieren, und es hat fast 20 Jahre gedauert, bis der von Palmen gesäumte Boulevard gesellschaftsfähig war. Den Namen hat die Croisette nach einem Kreuz (»croix«) erhalten, das dort stand, wo die Bucht von Cannes endete und Golf-Juan begann, ein Golf und ein Ort, wo sich die Pilger zur Insel St-Honorat orientierten. 9

Schöne (und teure) Hotelpaläste reihen sich aneinander, edle Boutiquen, blühende Gärten. Viel junges Volk drängelt sich im Sommer an den wenigen öffentlichen Strandabschnitten. Im Winter wechselt auch das Publikum, es ist wohlhabend und auffallend älter. Am Port Canto gibt es gepflegte Gärten und Kinderspielplätze (abends wunderschöner Blick auf Stadt und Suquet) und ganz am Ende das berühmte **Casino Palm Beach**.

Museum

Musée de la Castre → S. 69, a 2

In der Burg der Äbte von den Lérins-Inseln ist die ethnologische Sammlung des holländischen Barons Lycklama

Die von märchenhaften Hotelpalästen und schicken Cafés gesäumte Croisette in Cannes ist nicht nur während der Filmfestspiele eine beliebte Flaniermeile.

von 1877 zu sehen, die Exponate aus allen fünf Kontinenten umfasst. Für Musikliebhaber gibt es außerdem eine Zusammenstellung von Instrumenten aus Asien, Afrika und Ozeanien.
Le Suquet; April–Mai Di–Mo 10–13, 14–17, Juli–Aug. 10–13, 15–19, Sept. 10–13, 14–18, Okt.–März 10–13 und 14–17 Uhr; Eintritt 3,20 €, erm. 2 €

Essen und Trinken

Mantel → S. 69, a 2
Die Rue Saint-Antoine, die die Altstadt hinaufführt, ist die berühmte Gourmetmeile Cannes', hier sitzt man abends, hört die Boote im Alten Hafen – oder würde sie hören, würde der Geräuschpegel an den Tischen auf den Terrassen sie nicht bald übertönen. Aber hier sind auch die Touristenlokale, in denen für viel Geld banale Küche serviert wird. Noël Mantel, einer der besten Köche der Stadt, bedient seine Gäste im Sommer im kleinen Innenhof mit köstlichem Risotto, frischen Artischocken, wunderbaren Pilzen, einem berühmten Tiramisu und ausgewählten, auch offenen Weinen.
22, rue Saint-Antoine; Tel. 04 93 39 13 10; Di mittags, Mi und Mitte Juli–Mitte Aug. geschl. ●●●● CREDIT

La Palme d'Or → S. 69, c 2
Möbel von 1930 im Art-déco-Palast **Martinez** – serviert wird Cannes' beste und berühmteste Küche unter Chef Christian Willer. Das hat seinen Preis.
73, bd. de la Croisette; Tel. 04 92 98 74 14; So, Mo geschl. ●●●● CREDIT

Brasserie Carlton → S. 69, c 2
Das Carlton ist eine Institution, und seine Gäste lassen zuerst den Blick über Marmor, kostbare Hölzer, Leder und buntes Glas, kurz die Einrichtung der Belle Époque schweifen – auf der Suche nach berühmten Nachbarn. Schließlich haben Alain Delon wie Sean Connery hier schon gegessen. Der Wechsel der Hotelbetreiber hat das Image auch des Restaurants beeinflusst, aber die traditionelle Küche ist auch für jene bezahlbar, denen das Zehnfache für ein Hotelzimmer doch sehr übertrieben vorkäme. Mittags werden Tagesgerichte serviert.
58, La Croisette; Tel. 04 93 06 40 21 ●●● CREDIT

Il Rigoletto → S. 69, b 1
Klingt italienisch, aber das Ehepaar in der Küche, aus Toulouse und Parma, pflegt eine gute südliche Küche mit raffinierten Tagliatelle, köstlichem Risotto, delikaten Spaghettisaucen. Auch Polenta steht auf der Karte.
60, bd. d'Alsace; Tel. 04 93 43 32 19; Di, Di abends und eine Woche im Juni geschl. ●●● CREDIT

Le Montagard → S. 69, ab 1
Der Markt ist nah, und frisch ist alles, was das helle Vegetarierlokal anbietet. Zu vergessenen oder fast unbekannten Gemüsegerichten gibt es eine gute Auswahl von Bio-Weinen.
6, rue du Maréchal-Joffre; Tel. 04 93 39 98 38; So und Mo mittags geschl. ●● AmEx VISA

Aux Bons Enfants → S. 69, a 2
Es existiert kein Telefon, und die Stammgäste kommen rechtzeitig vorbei, um sich einen Tisch reservieren zu lassen, an dem sie dann – wie brave Kinder, »des bons enfants« – in familiärer Atmosphäre eine vorzügliche regionale Küche genießen.
80, rue Meynadier; So, Aug. und Ende des Jahres geschl. ●

Le Lion d'Or → S. 69, b 1
Nicht zu verwechseln mit dem Feinschmeckerlokal im Hotel Martinez, aber auf seine Weise auch eine Legende: Die älteren Stammgäste erzählen, wie sie im Krieg Schlange standen nach dem täglichen Fünf-Francs-Menü. Heute kommen sie immer noch, wie die Angestellten aus den umliegenden Büros, wegen der soliden guten Küche.
45, bd. de la République; Tel. 04 93 38 56 57; Sa geschl. ●

AM ABEND

Spielcasino, Kino, Pianobars und Discos werben unübersehbar, und die »In«-Räume wechseln wie überall.

Le Zanzibar ⋯› S. 69, a 1

Seit 1885 und damit eine der ältesten Bars in Cannes, in deren Kellerambiente auch Klaus Mann so manchen Abend verbrachte. House-Musik; unaufdringlicher Schwulentreffpunkt.

85, rue Félix-Faure; tgl. 17–6, während des Filmfestivals ab 14 Uhr

SERVICE

Auskunft

Office du Tourisme ⋯› S. 69, b 2

La Croisette, 06400 Cannes;

MERIAN-Tipp

7 Îles de Lérins

Wenige Fährminuten vor Cannes liegen die winzigen, autofreien Lérins-Inseln. Welch ein Wechsel der Bilder und Geräusche! Die Insel der heiligen Margarete ist die größte, von 170 ha Eukalyptus- und Kiefernwald bedeckt, und man kann vor Felsen und an kleinen Sandstränden schwimmen. Sie zu Fuß zu umrunden dauert knapp zwei Stunden. Das **Fort** im Norden (17. Jh.) ließ Vauban befestigen, es diente dem »Mann mit der eisernen Maske«, dessen Identität nach wie vor ein Geheimnis ist, als Gefängnis. Ein **Meeresmuseum** ist darin (außer Di) zu besichtigen mit Ausgrabungen aus ligurischer, griechischer und römischer Zeit. Außerdem sind Objekte aus Schiffswracks, die einst vor der Küste gesunken sind, zu sehen. Am **Fährhafen** warten Cafés und Restaurants auf Gäste, man kann die Inselruhe jedoch auch auf Picknickplätzen genießen.

Abfahrt von der Gare maritime, Quai Laubeuf, am Alten Hafen von Cannes; nach Ste-Marguerite April–Okt. stdl. 9–12 und 14–15 Uhr

Tel. 04 92 99 84 22, Fax 04 92 99 84 23; www.cannes.com

Flughafen
Der internationale Flughafen Nice–Côte d'Azur liegt 27 km entfernt, von 9 bis 20 Uhr verkehrt jede halbe Stunde ein Bus.

Ziele in der Umgebung

Antibes

→ S. 119, D 8

90 000 Einwohner

Obwohl zwischen zwei Buchten gelegen, macht Antibes zunächst gar nicht den Eindruck eines Küstenortes. Hinter den intakten Mauern der ehemaligen Grenzbastion scheint das Meer unendlich weit weg. Ganz in provenzalischer Manier spielt sich das Alltagsleben in den verwinkelten, blumengeschmückten Gassen der **Altstadt** ab, genau wie auf dem Markt. Das macht Antibes so untouristisch, wie Reisende es sich wünschen und nicht zu hoffen wagen. Und doch ist hier die Zeit nicht stehen geblieben. Hinter den Platanen der Place Nationale führen Neubauten unübersehbar in die Gegenwart. Wer den Mauern nach Norden folgt, kommt bald zum **Port Vauban**, zu einem der größten Jachthäfen der Welt, der nach Frankreichs berühmtestem Festungsbaumeister, Sébastien le Prestre de Vauban (1633–1707), benannt wurde.

Der Weg nach Süden, zum **Cap d'Antibes** und nach **Juan-les-Pins**, offenbart, dass Juan-les-Pins, der 1882 gegründete Badeort im Pinienwäldchen, auch als »Vorort« nichts von seiner Exklusivität verloren hat. Zwar wurden die Schriftsteller der »Lost Generation« (Ernest Hemingway, Scott Fitzgerald, Gertrude Stein, Alice Toklas und Dos Passos) längst von Stars wie Madonna abgelöst – und es ist nicht leicht, sich das noble **Eden Roc** als Nachfolger eines Künstler-Asyls vorzustellen. Aber auch die internationale Jazz-Elite gibt sich hier jeden Juli ein weltberühmtes und gar nicht elitäres Stelldichein.

11 km östl. von Cannes

Hotels/andere Unterkünfte

Garoupe et Gardiole
Zwei reizvolle Häuser, im Jahr 1920 erbaut und in provenzalischem Geist restauriert, eins mit modernen, das andere mit rustikalen Möbeln ausgestattet. Schöner Garten mit einem alten Baumbestand, Schwimmbad und herrliche Terrasse.

60–74, Chemin de la Garoupe (Cap d'Antibes); Tel. 04 92 93 33 33, Fax 04 93 67 61 87; www.hotel-lagaroupe-gardiole.com; 40 Zimmer ●●● AmEx

Mas Djoliba
Schönes provenzalisches Landhaus mit der entsprechend angenehm-traditionellen Einrichtung, von Grün umgeben und mit Schwimmbad. In der Saison wird Halbpension gewünscht.
29, av. de Provence; Tel. 04 93 34 02 48, Fax 04 93 34 05 81; E-Mail: info@hotel-djoliba.com; 13 Zimmer ●●● AmEx DINERS

Auberge Provençale
Mitten in der Stadt gelegen, mehr ein großes Haus als Hotel, im provenzalischen Stil und mit Garten. Im Restaurant gibt es Fischspezialitäten.
61, pl. Nationale; Tel. 04 93 34 13 24, Fax 04 93 34 89 88; 10 Zimmer ●● CREDIT

SPAZIERGANG

Die **Promenade Amiral de Grasse** führt an der Befestigungsanlage entlang. Nach Süden blickt man auf das Cap d'Antibes, nach Norden erstreckt sich die Engelsbucht (Baie des Anges) bis Nizza. Vom **Cours Masséna** geht es über einen der schönsten Märkte der Küste (Di–So vormittags) unterhalb von Kathedrale und Grimaldi-Schloss durch die Rue Guillaumont an hübschen Läden vorbei bis zur Place Nationale mit dem **Peynet-Museum**. Zurück führt der Weg durch schmale Gassen mit kleinen Häusern hinter üppigen Blumen (Rues de l'Horloge, des Arceaux, du Bari). Über die Rue du Bas-Castellet gelangt man auf flachen Stufen ins **Quartier Safranier**, das 1966 beschlossen hat, eine freie Gemeinde mit eigenem Bürgermeister zu werden. Wenige Schritte weiter steht die **Bastion Saint-André** mit dem **Archäologischen Museum**.

Ganz anders der Spaziergang über den **Sentier Tirepoil**, eine gute halbe Stunde am Ende des Caps entlang: eine wilde Küste, vor der das Meer rauscht. Er beginnt an der **Bucht de la Garoupe** neben der Plage Michel.

SEHENSWERTES

Cap d'Antibes
Villen, Gärten und schließlich, auf dem 78 m hohen Plateau de la Garoupe, ein Leuchtturm. Die Orientierungstafel verrät, dass man von hier aus die Lérins-Inseln und die Seealpen sieht. In der Wallfahrtskirche **Notre-Dame-de-la-Garoupe** erkennt man viele Votivtafeln dankbarer Pilger. Im **Jardin Thuret**, nach dem Botaniker benannt, der ihn 1856 anlegen ließ, standen die ersten Eukalyptusbäume Europas.

Dem Grimaldi-Schloss in Antibes (→ MERIAN-Tipp, S. 72), in dem Picasso während seiner »glücklichsten Zeit an der Côte« arbeitete, hinterließ er viele bedeutende Kunstwerke.

Église de l'Immaculée-Conception

Verschiedene Stilelemente verraten eine bewegte Vergangenheit der Kathedrale auf den Fundamenten eines griechischen Tempels. Romanisch ist noch der Chor, und in einer Kapelle rechts ist ein Altarbild zu entdecken, das 1515 Louis Bréa schuf.
Neben dem Grimaldi-Schloss

Fort Carré

Auf sternförmigem Grundriss und mit vier Bastionen erhebt sich die im 17. Jh. vollendete Festung, die nie erobert worden ist, auf einem Felsen über dem Jachthafen Port Vauban.
Im Sommer Di–So, im Winter Mi, Sa, So 10–12.30 und 13.30–16 Uhr

Marineland

Rund 1,2 Mio. Besucher werden jährlich in diesem Meeres-Entdeckungspark gezählt. Mittelmeerbewohner tummeln sich in großen Aquarien, Quallen, so schön, dass man sie lieber Medusen nennen möchte, entfalten sich, Haie zeigen ihre Zähne. Die Vielfalt wurde 1999 durch das neue Tropenaquarium noch erhöht.
306, av. Mozart (RN 7); tgl. ab 10 Uhr; Erw. 24 €, Kinder (3–12 Jahre) 16 €

Museen

Musée d'Archéologie

Funde aus griechischer und römischer Zeit vermitteln in der **Bastion St-André** eine Vorstellung vom antiken Antipolis (Antibes).
Av. Maizière; Mitte Sept.–Mitte Juni Di–So 10–12 und 14–18 Uhr, sonst 10–18, Juli, Aug. Mi, Fr bis 20 Uhr; Eintritt 3 €, erm. 1,50 €

Musée Peynet

Die Lampe im »Zimmer der Liebenden« ist von vorwitzigen Engeln besetzt, und Fische spielen hier Geige. Franzosen lieben den humoristischen Zeichner Raymond Peynet, der bis zu seinem Tod im Jahr 1978 in Antibes lebte und dessen Werke den Mittelpunkt dieser Ausstellung bilden.
Pl. Nationale; Di–So 10–12 und 14–18 Uhr, Mitte Juni–Mitte Sept. 10–18, Juli, Aug. Mi, Fr bis 20 Uhr; Eintritt 3 €, erm. 1,50 €

Essen und Trinken

La Bonne Auberge

Die gute Herberge kredenzt feinste Küche! Hummersalat und Ravioli, ein geniales Oliven-Daube, das Lamm ...
RN 7 Richtung Nizza, vor Villeneuve-Lobet; Tel. 04 93 33 36 65; Mo geschl. ●●● CREDIT

Chez Juliette

Ein gemütlicher Ort, man riecht das Holzkohlenfeuer im alten Gewölbe. Provenzalische Gerichte.
18, rue Sade; Tel. 04 93 34 67 37; Mo und Di mittags geschl. ●● CREDIT

L'Oursin

Fische und Meeresfrüchte, immer frisch, köstlich zubereitet. Man fühlt sich wie auf einem Schiff.
16, rue de la République; Tel. 04 93 34 13 46 ●● CREDIT

MERIAN-Tipp

8 Musée Picasso

Der Postkartenblick aus dem Fenster zeigt Skulpturen von Germaine Richier (1904–1959) vor Meeresblau. Im einstigen Grimaldi-Schloss (Château Grimaldi), dessen obersten Stock Picasso 1946 als Atelier nutzen konnte, entstand eine unglaubliche Vielfalt von Arbeiten, die er dem Schloss für das heutige Museum überließ. Picasso hatte selbst das Aufstellen und Aufhängen seiner Werke überwacht und angeordnet, dass nichts aus dem Museum entfernt werden dürfte. Eine überschäumende Lebensfreude zeigt sich in den einzelnen Stücken seiner 252 Arbeiten, ergänzt um die Gemälde und Objekte berühmter Zeitgenossen wie Jean Miró, Max Ernst, Alexander Calder, Magnelli etc.

Pl. Mariéjol; bis Frühjahr 2008 wg. Renovierung geschl.

Le Safranier
Ein Ort wie ein provenzalisches Dorf mitten in der Stadt. Man isst Fisch, und es lohnt sich, eine Bouillabaisse vorzubestellen.
1, pl. du Safranier; Tel. 04 93 34 80 50; Mo geschl. ●

La Socca
Nur ein kleiner Raum und immer wieder Schlangen vor der Tür, Leute, die für ein Stück »socca« (→ Essen und Trinken, S. 15) im Stehen und für eine köstliche Pizza anstehen.
1, rue James-Close; Tel. 04 93 34 15 00; Mo geschl. ●

Am Abend
La Siesta
Sehr teuer, dennoch zieht es im Sommer tausende Nachtschwärmer und Tanzfreudige zum wohlbekannten Ort zu einem vergnüglichen Abend unterm Sternenzelt oder auf den exotisch dekorierten Dancefloors.
Uferstraße Richtung Nizza

Legend Café
Hübscher Platz für einen langen Abend bei diversen Bieren.
Pl. Audiberti; tgl. bis 2.30 Uhr

Service
Auskunft
Office du Tourisme
11, pl. du Général de Gaulle, BP 37, 06601 Antibes; Tel. 04 92 90 53 00, Fax 04 92 90 53 01; www.antibes-juanlespins.com

Le Cannet
→ S. 118, C 8

41 900 Einwohner

Den feinen Villenort, nur knapp 3 km nördlich von Cannes gelegen, erreicht man über den **Boulevard Carnot**. Die geschützte Lage in der Bucht sorgt für ein mildes Klima, auch der Maler Pierre Bonnard (1867–1947) hat sich in seinen letzten Lebensjahren hier eingerichtet. Man schlendert durch alte Straßen, manche Villa wurde schon im 18. Jh. gebaut, und von der **Place Bellevue** hat man einen wahrhaft traumhaften Blick auf die Bucht von Cannes. »Das Leben ist ein Fest«, befand dementsprechend der Maler Théo Tobiasse und malte unter diesem Motto 1989 die Kapelle **Saint-Sauveur** aus dem 16. Jh. in der gleichnamigen Straße aus.
3 km nördl. von Cannes

Das unter der Sonne des Südens gereifte farbenfrohe Angebot auf dem Markt von Antibes inspiriert heute noch Künstler und Köche.

Nicht nur auf den Inhalt, auch auf die Verpackung kommt es bei den kostbaren Düften aus Grasse an. Künstler kreierten kostbare Flacons.

Grasse

S. 118, B 7

43 000 Einwohner

Mild ist das Klima, 333 m über dem Meeresspiegel, im Schutz des Roquevignon, in der Unterpräfektur des Départements Alpes-Maritimes. Wintergäste wie Napoleons Schwester Pauline kamen vorbei, noch bevor man Cannes schätzen lernte. Asthmatiker finden hier Linderung, nicht nur deshalb sollten Autofahrer das nächste Parkhaus ansteuern.

Die hübsche **Altstadt** lässt sich ohnehin nur zu Fuß entdecken. Oder erschnüffeln? Es riecht mehr nach Vanille und Himbeeren als nach Rosen und Jasmin, wie es seit dem 16. Jh. üblich war. Damals lösten zarte Düfte die Gerüche von den Gerbereien des Ortes ab, als parfümierte Lederhandschuhe in Mode kamen.

Eine Tonne Jasminblüten braucht man z. B. für 3 kg Konzentrat, von denen dann nur 40 % als Essenz weiter verwendet werden. Hinter hohen Hecken sieht man da und dort den »Rohstoff« blühen. Längst stammt der Großteil der kostbaren Essenzen jedoch aus Ländern, in denen günstiger produziert und auch schon verarbeitet wird. Und seitdem synthetische Düfte verlässlich und kostengünstiger hergestellt werden können – und dabei andere die Nase vorn hatten –, haben sich die Duftfabriken in Grasse heute auf Lebensmittelaromen verlegt.

17 km nordwestl. von Cannes

Hotels/andere Unterkünfte

Des Parfums

Modern, funktional, mit Swimmingpool, in hervorragender Lage mit Blick auf die Stadt und gutem Restaurant. Hier wird »lou fassum«, eine Spezialität aus Grasse mit gefülltem Kohl, serviert. Club im Keller.

Bd. Eugène-Charabot; Tel. 04 92 42 35 35, Fax 04 93 36 35 48; www.hoteldesparfums.com; 61 Zimmer ●●● CREDIT

Sainte-Thérèse

Bei der hl. Therese gibt es weder Schwimmbad noch Aircondition oder TV, dafür einen unvergleichlichen Blick auf Grasse und den Golf mit den Lérins-Inseln. Hübsche, einfache Zimmer, traumhafte Terrasse und – wenn jemand beten möchte – eine Kapelle.

39, av. Y. E. Baudoin; Tel. 04 93 36 10 29, Fax 04 93 36 11 73; www.hotelsaintetherese.com; 33 Zimmer ● CREDIT

Sehenswertes

Altstadt »Vieille Ville«

Vom 11. bis zum 13. Jh. breitete sich das Städtchen um den Hügel von Puy aus, nachdem es um 1300 eine Stadtmauer bekommen hatte, wuchs es in die Höhe. Man stellte Häuser in Höfe und Gärten, und so ist entstanden, was die Einheimischen rund um das Rathaus ihre »Kasbah« nennen. Die mittelalterlichen Gassen sind heute vor allem von Nordafrikanern bewohnt. Die Grassois haben ihre neuen Villen auf den umliegenden Hügeln und in den ehemaligen Blumenfeldern errichtet. Eng ist es, manchmal dunkel, in den schmalen holprigen Gassen, an den Treppen, auf den winzigen Plätzen mit ungleichen Häusern, oft kleinen, sogar zugemauerten Fenstern (um eine Sondersteuer zu umgehen). In der malerischen **Rue Répitrel** hatten sich im 16. Jh. die ersten Parfümhersteller angesiedelt.

Notre-Dame-du Puy

Mitten in der Altstadt von Grasse steht die dreischiffige Kathedrale aus dem 12./13. Jh., die im 17. und 18. Jh. erweitert wurde. Ein karger romanischer Bau mit drei Gemälden von Rubens, einem der wenigen religiösen Bilder Fragonards und einem Triptychon (Altarbild) von Louis Bréa.

Museen

Musée Fragonard

Der gebürtige Grassois Jean-Honoré Fragonard (1732–1806) hatte sich von Februar 1790 bis März 1791 hierher zurückgezogen, nachdem die Revolution ihn seiner treuen Kundschaft beraubt hatte. Ende des 19. Jh. kaufte die Familie zahlreiche Originalbilder (heute in der Frick Collection in New York) und ersetzte sie durch Kopien des Malers La Brély. Im ersten Stock sind Werke Fragonards und einiger Familienmitglieder ausgestellt, im Treppenhaus befinden sich die seines Sohnes Alexandre.

23, bd. Fragonard; Juni–Sept. tgl. 10–19, sonst Mi–So 10–12 und 14–17 Uhr; Eintritt 3 €, erm. 1,50 €

> **MERIAN-Tipp**
>
> **9**
>
> **Musée de la Parfumerie**
>
> Hinter der auffallenden schönen Second-Empire-Fassade kann man einen Blick in die »Duftküche« werfen, die so weltbekannte Parfüms wie »Chanel Nr. 5« kreiert hat. Man sieht Maschinen, erfährt mancherlei über Destillation, technische Details und sieht außerdem Flacons, die Guimard oder Lalique entworfen haben. Hier werden mehr Geheimnisse enthüllt als in den Parfümfabriken selbst.
>
> 8, pl. du cours; Juni–Sept. tgl. 10–18.30, sonst Mi–Mo 10–12.30 und 14–17.30 Uhr, Nov. geschl.; Eintritt 3 €, erm. 1,50 €

Essen und Trinken

Baltus

Winziges Lokal in einem Altstadtgässchen, mit leckeren Fischgerichten.

15, rue de la Fontette; Tel. 04 93 36 32 90; Mo und zwei Wochen im Aug. geschl. ●●

Les Arcades

Man sitzt am schönsten Platz der Stadt, die Küche ist provenzalisch.

23, pl. aux Aires; Tel. 04 93 36 00 95 ●

Einkaufen

Galimard

Jean de Galimard – er soll ein Freund Goethes gewesen sein – hat seine Parfümerie 1747 gegründet und belieferte den Hof Ludwigs XV. mit Ölen, Pomaden und dem neuen Produkt Parfüm. Heute wird zu Besichtigung, Einkauf und – im Studio des Fragrances (5, route de Pégomas) – zur eigenen Parfümkreation eingeladen.

73, route de Cannes; Tel. 04 93 09 20 00; www.galimard.com; im Sommer tgl. 9–18.30, im Winter 9–12.30 und 14–18 Uhr

Grasse-Bonbon

Berühmt für seine Frucht- und Veilchenbonbons.

Rue Marcel-Journet

Service

Auskunft

Office du Tourisme

Palais des Congrès, 22, Cours Honoré-Cresp, Grasse; Tel. 04 93 36 66 66, Fax 04 93 36 86 36; www.grasse-riviera.com

Mandelieu-La Napoule

17 900 Einwohner S. 117, F 1

Mimosenkulturen rundum, alles für die Parfümindustrie, ein einziges Gelb von Mitte Januar bis Anfang März. Nur 5 km westlich von Cannes liegt der Doppelort zwischen zwei Flussmündungen. Malerisch präsentiert sich das Seebad mit seinem Jachthafen vor dem auf einem Porphyrfelsen wieder aufgebauten **Schloss** aus dem 14. Jh., mit dem sich der Bildhauer Henry Clews – dank Papas Geld (amerikanischer Börsenmakler) – einen Traum verwirklichte. Bei den sommerlichen Kunstausstellungen bietet sich die Gelegenheit, selbst an der Pracht teilzuhaben.

5 km westl. von Cannes

Hotels/andere Unterkünfte

Logis Santo Estello

Ein schönes Bauernhaus im Grünen neben einer kleinen Kapelle und zeitgenössischen Skulpturen. Dazu ein traditionelles Restaurant und ein großes Schwimmbad.

Domaine de Barbossi; Tel. 04 92 97 80 42, Fax 04 92 97 81 42; www.santoestello.com; 20 Zimmer ●● CREDIT

Service

Auskunft

Office du Tourisme

340, rue Jean-Monnet, 06210 Mandelieu-La Napoule; Tel. 04 93 93 64 78, Fax 04 93 93 64 66

Mougins

S. 118, C 8

16 000 Einwohner

Obwohl schon die Römer Mons Egnita besiedelt hatten, ist das hübsche Dorf – heute mit Galerien, Kunsthandwerkern und guten Restaurants – erst als letzter Wohnsitz Pablo Picassos (1961–1973) zu Ruhm gelangt. So ist auch die Dauerausstellung im **Musée de la Photographie** (Porte Sarrazine, Juli/Aug. 14–23, sonst Di–So 13–19 Uhr) dem Künstler gewidmet. Andere Berühmtheiten wie Man Ray hat es ebenfalls hierher verschlagen. Modezar Christian Dior besaß sogar eine Ölmühle in Mougins.

La Valmesque heißt ein 427 ha großes Waldgebiet zwischen Mougins und Valbonne, in dem Wanderer 19 km ausgeschilderte Wege vorfinden. Es gibt botanische Lehrpfade und am **Étang de Fontmerle** Lotosblumen. **Le Manoir de l'Étang** auf

Im Schloss vor dem Jachthafen von La Napoule finden Kunstausstellungen statt.

einem Hügel darüber, wo der Architekt des alten Festivalpalastes von Cannes, Maurice Gridaine, eine Filmstadt schaffen wollte, ist heute ein Hotel. Die Zeiten – um 1949 – waren nicht danach, das Kino steckte in einer ernsthaften Krise.
3,5 km nördl. von Cannes

Hotels/andere Unterkünfte

Le Manoir de l'Étang
Das wunderschöne Hotel zwischen Antibes und Mougins ist schwer zu finden und schließlich nur dank eines Holzschildes, das den Weg weist, auszumachen – aber die Suche lohnt. Manche verlassen ihre prachtvollen Zimmer nur, um das traumhafte Anwesen vom Swimmingpool aus zu genießen. Und dann ist da noch die wirklich ausgezeichnete Küche.
66, allée du Manoir – Bois de Font-Merle (Straße nach Antibes); Tel. 04 93 90 01 07, Fax 04 92 92 20 70; www. Manoir-de-letang.com; 14 Zimmer ●●● CREDIT

Théoule-sur-Mer

1300 Einwohner S. 117, F 1

Ein entzückender Badeort am westlichen Ende des Golfs von Napoule. Sicher kein Fischerdorf mehr, dennoch mit romantischem Flair, mit Ferienwohnungen, Sandstrand und dem **Wald von Estérel** im Rücken.

Etwa 2 km westlich vom Parkplatz am Friedhof von Bon-Puits beginnt nach ca. 50 m rechts der **Botanische Lehrpfad du San Peyre** (4 km). Mitten im Estérel-Gebirge trifft man hier auf Eichen und Erdbeerbäume und schlendert am bezaubernden Panorama der Lérins-Inseln entlang. »Arbousier« heißen die merkwürdigen Bäume, die im Herbst zur selben Zeit weiße Blüten und rote Früchte tragen. Auf dem Gipfel des 133 m hohen **San Peyre**, von den Ruinen der **Kapelle St-Pierre**, blickt man auf den Hafen von La Napoule und zu den umliegenden Inseln.
7 km südwestl. von Cannes

Vallauris

S. 118, C 8

25 800 Einwohner

Einladend sieht der Ort auf den ersten Blick nicht aus. Das Töpfern war schon zur Römerzeit bekannt. **Picasso** kam und erlernte ein neues Handwerk, sein »Kleiner Faun« entstand hier 1946. Über 2000 Tonarbeiten produzierte er. Sein »Mann mit dem Schaf« auf dem Marktplatz (Pl. Paul Isnard) rief sehr gemischte Reaktionen hervor. Aber der Ort und seine Bewohner schätzten den Wert des genialen Schülers und baten ihn, die romanische Kapelle im alten **Renaissanceschloss** auszumalen. Picasso schenkte der Kommune sein heute weltberühmtes Wandbild »Krieg und Frieden«. Damit wurde das Ensemble, dem auch das benachbarte Töpfereimuseum angehört, Nationalmuseum (Pl. de la Libération, Musée National Picasso, Juli/Aug. Mi–So 10–12.30 und 14–18.30, sonst 10–12 und 14–18 Uhr; Musée de la Céramique, 9–19, Winter bis 18 Uhr, So vormittags geschl.). Nicht zu vergessen die **Maison de la Pétanque**, in der Spieler alles über ihre Leidenschaft erfahren können (193, chemin de St-Bernard; Mo–Fr 9–12 und 14–18.30 Uhr).
3 km nordöstl. von Cannes

Einkaufen

Galerie Sassi-Milici
Schöne Atmosphäre, viele Farben, Keramikarbeiten von Boncompain.
65, av. Georges-Clemenceau

Roger Collet
Ein Keramikstudio voller interessanter Arbeiten neben der Kirche.
Montée Ste-Anne

Service

Auskunft
Office du Tourisme
B. P. 155, 06227 Vallauris; Tel. 04 93 63 18 38, Fax 04 93 63 95 01; E-Mail: tourisme.vgj@wanadoo.fr

Hollywood-sur-Mer

Jedes Jahr im Mai wird der rote Teppich ausgelegt, und Cannes feiert seine glamourösen Filmfestspiele.

Das Protokoll gibt täglich zwei Termine vor. Um 19 und um 22 Uhr präsentieren sich die Stars auf dem roten Teppich den Fotografen und vor allem dem Publikum, also vor oder nach dem Abendessen. Hat man gehört, wer wann auftreten wird? Gibt es Gerüchte? Die Croisette ist wie leer gefegt. Elf Tage im Mai beherrscht nur ein Thema die Stadt, schließlich gelten die Internationalen Filmfestspiele von Cannes den einen als das weltweit bedeutendste, aber allen als das glamouröseste Filmfestival der Welt.

Da bleiben nicht einmal die Alten oder die ganz Trägen in ihren bequemen Sesseln sitzen. Ohnehin tummeln sich zu dieser Zeit in und um Cannes die Film-Verrückten aus aller Welt, und es scheinen jedes Jahr mehr zu werden. Sie flanieren hoffnungsvoll am Martinez vorüber oder schlendern unauffällig am Majestic vorbei und am Carlton mit den üppigen Zwillingskuppeln. Ganz oben, in den Panoramasuiten im siebten Stock, wohnen die Stars. Weiß man, wer dieses Jahr die Sean-Connery-Suite bezogen hat für 12 000 € die Nacht? Das Personal bleibt stumm und lächelt hold.

Es ist ja nicht weit bis zum Festivalpalais, das für die 60. Filmfestspiele 2007 erweitert, aber kaum verschönert wurde und auf dessen Allée des Stars sich mancher mit seinem Handabdruck im Pflaster verewigt hat. Man könnte es in wenigen Minuten zu Fuß erreichen, aber zur festgesetzten Zeit beginnt das Limousinen-Ballett, und Autogrammjäger wissen genau, wer sich gleich in großer Robe – den Schmuck stellt wie immer die Firma Chopard – präsentieren wird. Zeit der Haute Couture, auch wenn der Stoff meist knapp bemessen ist.

Zumindest das Wetter ist in Cannes verlässlicher als bei den Film-

festspielen in Venedig oder gar in Berlin. So wissen Freaks längst, dass es lohnt, nachmittags die Jachten im Hafen in Augenschein zu nehmen, aber auch hier sind ihnen die Paparazzi zuvorgekommen – wie jedes Jahr.

Kinokarten zu bekommen ist fast aussichtslos, aber wer will schon im Dunkeln sitzen, wenn das bunte Leben sich in der Frühsommersonne abspielt? Aber man weiß nicht, wo es ist, zumindest nicht früh genug, da bleiben die Fernsehbilder von tollen Festen wie dem auf der Queen Mary 2, mit dem die Amerikaner 2005 die Werbung für das letzte »Star Wars«-Spektakel in Szene setzten. Mit irgend einer Sensation darf man aber immer rechnen, und vielleicht wird man zum Zufallskomparsen wie die Glücklichen, die dabei waren, als für den Knetgummifilm »Wallace & Gromit« ein 10 m hohes, aufblasbares Tier an den Strand gesetzt wurde.

Aber eigentlich geht es ja um die Goldene Palme (Palme d'Or), die erst seit 1955 so heißt, für den besten Wettbewerbsfilm und die verschiedenen Spezialpreise. Die Trophäen stellt der Schweizer Juwelier Chopard in Genf her. Zwei deutsche Regisseure haben die Auszeichnung bisher bekommen, Volker Schlöndorff 1979 für »Die Blechtrommel« und Wim Wenders 1984 für »Paris, Texas«.

Murs peints

Andere Ehrungen finden Besucher auf der sogenannten Route der bemalten Wände, zwölf Freskenmalereien von berühmten Filmszenen und Schauspielern, die sich von der Altstadt Le Suquet zur Place 18. Juin und bis zur Place P. Sémard und zum Bahnhof ziehen: Über einer Autowerkstatt an der Place Cornut-Gentille sind Fred Astaire und Funès, Belmondo und Depardieu versammelt. Charlie Chaplin ist auf 10, bd. Vallombrosa in einer Filmrolle gefangen.

In 7, rue Saint-Dizier hat Jacques Tati das Hotel verlassen, in dem Monsieur Hulot seine Ferien verbringt, wenige Häuser weiter (Nr. 16) ist alles Illusion, was man sieht. In 7, rue des Suisses könnte man bei Dreharbeiten stören, und am bvd. Victor Tuby/Ecke rue des Frères turnt Buster Keaton als übermütiger Kameramann. Einen Plan der Murs peints gibt es bei der Touristeninformation im Palais des Festivals et des Congrès.

Charmant lächelnd präsentiert sich die bekannte französische Nachwuchsschauspielerin Ludivine Sagnier der versammelten Schar der Fotografen.

Saint-Tropez und Umgebung

Maler, Stars und Dichter haben das Städtchen berühmt gemacht – und die Legende lebt ...

Blick auf den Hafen des mondänen Badeorts Saint-Tropez und die im 18. Jahrhundert im barocken Stil errichtete Kirche, in der die Büste des heiligen Tropez aufbewahrt wird.

Saint-Tropez → S. 117, E 3

5500 Einwohner
Stadtplan → S. 83

Gibt es einen schöneren Ort an dieser Küste? Kein Hochhaus wächst über den Kirchturm hinaus, nirgends an der Riviera sind die Strände feiner und länger – und nirgends gibt es, wenn man an den sommerlichen Andrang denkt, so wenige und kleine Hotels. Wer mit den Einheimischen allein sein will, kommt im November oder Dezember nach Saint-Tropez. Dann ist es still in den Straßen, viele Hotels und Restaurants sind geschlossen, ja sogar viele Geschäfte, und ganz offensichtlich sind nicht nur die Touristen verschwunden. Nur hier, so scheint es, gibt es eine einzige Saison, die Sommersaison, auch wenn sie im Frühling beginnt und im Herbst endet und dennoch 5,5 Mio. Besucher bringt. Das liegt daran, dass Saint-Tropez der einzige Küstenort ist, der nach Norden blickt. »Vent d'Italie« nennen sie hier den Regen, den der Wind von Osten bringt. Aber es gibt auch den gewaltigen und kalten Mistral, den Nordwestwind, den eisigen Alpenwind Tramontane aus dem Norden und den Wüstenwind Sirocco aus dem Süden – Einheimische können an die 20 unterschiedliche Winde aufzählen.

Manches Hotel in ungünstiger Lage ist schnell wieder geschlossen und in ein Miethaus verwandelt worden, denn nur das sichert Einnahmen das ganze Jahr hindurch. So hat es sich ergeben, dass viele Sommergäste in den umliegenden Dörfern, oft im eigenen Ferienhaus, wohnen, deren beliebteste **Gassin** und **Ramatuelle** sind. Und so klein Saint-Tropez selbst ist, stellt man sogar im Hochsommer fest, dass es zwei Zentren gibt. Das der Einheimischen bildet die **Place des Lices** am Ende der Rue Gambetta, während den Mittelpunkt der Touristen der ausnehmend schöne **Hafen** darstellt, nur ein kleines Viereck mit Jachten und Fischerbooten.

Die malerische Bucht zog schon seit Urzeiten Eroberer an: Ligurer, Kelten, Griechen, Römer. Und dann, im 19. Jh, kamen die Maler, danach – in den Zwanzigerjahren – die Schriftstellerin Colette, schwärmte von der verschwenderischen Fülle der Natur und schrieb. Tucholsky war es allerdings zu dürftig, was er im Jahr 1925 sah (»... dann schon lieber Neuruppin«).

Nach dem Zweiten Weltkrieg kamen andere Künstler, mehr in der Selbstdarstellung geübt. Juliette Gréco folgten die Existenzialisten. Sartre saß auf den roten Stühlen des **Café Sénéquier**. Aber erst in den Fünfzigern – mit Brigitte Bardot, Roger Vadim, Françoise Sagan, Gérard Philippe, mit Playboys und Rocksängern – wurde das Städtchen zu »Saint-Trop«, Sommerquartier von »le Tout-Saint-Germain«. Noch immer kommen sie zu Tausenden in der Saison, Reiche und Schöne, Laute und Leise, sogar mit dem »Héli«, weil die Staus auf der einzigen Zufahrtsstraße in der Sommerhitze mörderisch sind. Alle, die sich selbst, ihre Harley, ihren Bentley oder ihre Jacht zur Schau stellen wollen, haben eine Chance, manchmal 70 000 am Tag – den ganzen Sommer lang.

Hotels/andere Unterkünfte

Le Mouillage → S. 83, südl. b 2

Gleich am Ortseingang und am Wasser gelegen. Die liebevoll eingerichteten Zimmer entführen in ferne Gegenden, von Bali bis Medina.

Port du Pilon; Tel. 04 94 97 53 19, Fax 04 94 97 50 31; www.hotelmouillage.fr; 12 Zimmer ●●●● AmEx

La Ponche → S. 83, b 1

Ein charmantes Luxushotel im ehemaligen Fischerviertel, in dem schon Picasso an der Bar stand, Boris Vian schrieb und die Bardot sich zu amüsieren wusste.

Port des Pêcheurs; Tel. 04 94 97 02 53, Fax 04 94 97 78 61; www.laponche.com; 18 Zimmer; Dez.–Feb. geschl. ●●●● CREDIT

Byblos → S. 83, c 1
Eine Legende seit 1967 und das Sommerhaus des internationalen Jetset. Größtes Hotel im Ort, in das kaum ein Blick gewöhnlicher Urlauber fällt – das verhindern schon die klassenbewussten Türsteher. Anreise mit dem Helikopter gehört zum Standard, und man wohnt auch schön in den winzigen Häusern zwischen gepflegten Blumengärten mit Patio, Swimmingpool und Fitnesseinrichtungen. Ein Besuch im Nachtclub **Caves du Roy** dürfte für die meisten Sommergäste ein Traum bleiben.
Av. Paul Signac; Tel. 04 94 56 68 00, Fax 04 94 56 68 01; www.byblos.com; Nov.–Mitte April geschl.; 97 Zimmer ●●● CREDIT

Le Sube → S. 83, b 1
Das älteste Hotel des Ortes gegenüber dem alten Hafen ist frisch herausgeputzt. Die hübschen Zimmer erlauben entweder den Blick auf das Wasser oder in einen blumengeschmückten Innenhof.
15, quai Suffren; Tel. 04 94 97 30 04, Fax 04 94 54 89 08; www.hotel-sube.com; 28 Zimmer ●●● CREDIT

Lou Cagnard → S. 83, südl. b 2
Das große provenzalische Haus liegt nur einige Schritte vom Hafen entfernt. Es empfiehlt sich ein Zimmer zum Garten mit Blick auf Maulbeer- und Feigenbäume. Parkmöglichkeit.
18, av. Paul-Roussel; Tel. 04 94 97 04 24, Fax 04 94 97 09 44; www.hotel-lou-cagnard.com; 19 Zimmer ●●

Spaziergang
Eine Handvoll schmaler Gassen mit Blumen, Bistros und Boutiquen, aus denen im Sommer die Autos verbannt sind, das ist die pastellfarbene Altstadt von Saint-Tropez zwischen Altem Hafen und Fischereihafen. Der Boule-Platz im Schatten uralter Platanen, die heutige **Place Carnot** – vor einigen Jahren umbenannt und bei der Bevölkerung immer noch Place des Lices –, ist ein guter Ausgangspunkt für einen Stadtrundgang. Die Rue Georges-Clemenceau mit Läden und Restaurants führt direkt auf den alten **Hafen** zu. Je nach Jahreszeit liegen dort mehr oder weniger prachtvolle Jachten, und linker Hand breiten Maler und Händler Dutzendware aus. Rot und gelb ragt der Kirchturm aus

Bis zu 70 000 Besucher am Tag – da kann »Saint-Trop« gar nicht genug Strände haben. Aber welcher für wen gerade »in«, also »branché«, ist, weiß nur die jeweilige Szene.

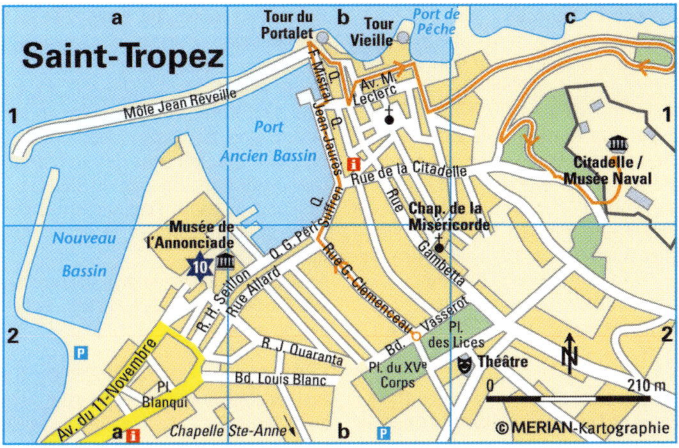

den Dächern der Altstadthäuser, kein Gebäude ist höher. Der Weg nach rechts über den Quai Jean Jaurès führt am berühmten **Café Sénéquier** vorbei. Die **Tour du Portalet** an der Mole gehörte einst zur Stadtmauer. Über Place de la Mairie und Rue de la Ponche erreicht man, am kleinen Fischereihafen vorbei, die verwinkelte **Altstadt der Fischer**. Von der Place du Revelin steigt die Rue Cavaillon – parallel zum Wasser – zu einem der am schönsten gelegenen Friedhöfe der Küste an. Darüber liegt die **Zitadelle** mit dem **Marinemuseum**. Und hier oben, mit dem Blick auf Dächer und Meer, könnte man verstehen, dass Saint-Tropez ein mythischer Ort ist.

Museen

Musée Naval S. 83, c 1

Auf einer Anhöhe liegt die Zitadelle aus dem 17. Jh., von einer Doppelreihe von Mauern und einem Festungsgraben umgeben. Im Schifffahrtsmuseum im ersten Stock kann man auf alten Karten und Stichen der Geschichte des Ortes nachforschen. Dazu gehört auch die Landung der Alliierten 1944, bei der Teile der Stadt zerstört wurden. An klaren Tagen hat man von der Anhöhe einen traumhaften Blick über die Halbinsel von Ramatuelle, den Golf, das Estérel-Gebirge und im Winter bis zu den schneebedeckten Alpen.

Montée de la Citadelle; Mai–Sept. Mi–Mo 11–18, Okt.–April 10–12 und 13–17 Uhr; Eintritt 3 €

MERIAN-Tipp

10 Musée de l'Annonciade

1955 hat Louis Süe die alte Kapelle Notre-Dame-de-l'Annonciade (erbaut 1568), die seit der Revolution nicht mehr genutzt wurde, in ein einzigartiges Museum verwandelt. Georges Grammont heißt der Mäzen, der der Stadt seine wertvolle Sammlung vermachte. Und so ist hier ein Haus entstanden, das in unglaublicher Fülle zeigt, was in Saint-Tropez in der Zeit von etwa 1890 bis in die Zwanzigerjahre von längst berühmten Malern auf die Leinwand gebannt wurde; von Pierre Bonnard, Paul Signac, Georges Braque, Raoul Dufy, Henri Matisse, Georges Seurat, Maurice Utrillo etc.

Pl. Georges Grammont; Juni–Okt. Mi–Mo 10–12 und 15–19, Dez.–Mai 10–12 und 14–18 Uhr, Nov. geschl.; Eintritt 5 €, erm. 3 € S. 83, ab 2

Essen und Trinken

Le Café → S. 83, c 2
Alles ein bisschen wie von gestern, als es noch Café des Arts, der Künste, hieß: die Farbe der Wände, die abgenutzten Kacheln, die Bistrotische, die braunen Ledersofas, die Leute ... Man fühlt sich wie in einem Film über die Côte d'Azur, und dafür sind die Preise angemessen. Das waren sie sicher auch schon 1971, als Mick Jagger und seine Bianca hier zum Hochzeitsempfang eingeladen hatten.
Pl. des Lices; Tel. 04 94 97 02 25 ●●● CREDIT

Leï Mouscardins → S. 83, b 1
Laurent Tarridec wird wegen des besten Restaurants des Ortes – in wunderbarer Lage – gerühmt und wegen der Küche ohne Schnörkel, die sich beharrlich allen Moden widersetzt. Dennoch stehen feine Sachen auf der Speisekarte, die es anderswo so nicht gibt, die besondere Art, die Dorade zuzubereiten, das langsam gekochte Kalb, der gegrillte Thunfisch – alles mit originell abgeschmeckten Gemüsen. Hervorragend ist die große Käseauswahl, und die meisten Weine kommen aus dem Süden.
Tour du Portalet; Tel. 04 94 97 29 00; im Sommer mittags geschl. und außerhalb der Saison montags ●●● CREDIT

L'Auberge des Maures → S. 83, b 2
Ein typisch provenzalisches Lokal in einem schattigen Hof. Es gibt alles frisch vom Markt, Fisch und Fleisch gegrillt und auf Vorbestellung sogar eine Bouillabaisse.
Rue du Docteur-Bouttin; Tel. 04 94 97 01 50 ●●● CREDIT

La Table du Marché → S. 83, b 2
Nur wenige Schritte von der Place des Lices entfernt findet man dieses Lokal für alle Gelegenheiten. Man kann hier frühstücken, Mittag essen – auch nur eine Kleinigkeit, je nach Geschmack süß oder gesalzen –, man trifft sich zum Café oder zum Abendessen.
38, rue Clemenceau; Tel. 04 94 97 85 20 ●●/●●● CREDIT

Les Graniers → S. 83, c 1
Man sitzt unter Sonnenschirmen am Strand und freut sich über die verlässliche Qualität trotz des sommerlichen Andrangs. Spezialität des Hauses sind gegrillte Fischgerichte, der Wein stammt von der örtlichen Kooperative.
Am ersten Strand hinter dem Fischereihafen; Tel. 04 94 97 38 50; Mitte Okt.–April geschl. ●● CREDIT

Le Sénéquier → S. 83, b 1
Insider betreten die Terrasse wie einst Jean-Paul Sartre von hinten. Und wer – nicht nur zufällig – am Karree ganz links sitzt, ist jedenfalls »branché«, also absolut »in«. In den vorderen Reihen stört nur geparktes Blech den Blick auf die im Hafen schaukelnden Jachten, deren Bewohner zum Frühstück herüberkommen. Den Apéritif nimmt man sichtlich an Bord im Kreis von Freunden.
Quai Jean-Jaurès; Tel. 04 94 97 00 90; Sommer 8–2, Winter bis 20 Uhr ●● CREDIT

Einkaufen

Vom Hafen bis zum Meer reihen sich in der Fußgängerzone einige exquisite Boutiquen aneinander. Die französischen Marken Redwood und Blanc Bleu und die Sandale La Tropézienne haben hier ihren Ursprung. **La Tarte tropézienne** (36, rue Clémenceau) heißt ein Geschäft, das die gleichnamige Spezialität verkauft, einen mit Puderzucker bestreuten Vanillekuchen, wie ihn Brigitte Bardot in den Drehpausen schätzte. Der **Markt** an der Place des Lices (Di und Sa 8–13 Uhr) bietet Obst und Gemüse, Fleisch und Käse sowie allerlei Trödel und Kunsthandwerk.

Am Abend

Klassiker des nächtlichen Vergnügens sind die **Caves du Roy**, eine Nobel-Diskothek im Keller des Hotels Byblos, in der Avenue Paul Signac. Wer nicht zum Jetset gehört, dem bleibt die **Bodega du Papagayo** am Hafen, wo fast jeden Sommerabend Bands auftreten, oder das Cybernetcafé **La Girafe**. Und wenn der Morgen graut, trifft man sich zu kubanischer Musik im **Bodeggita**. Wer es ruhiger mag, genießt den Abend in der **Bar Anglais** des Hotels Sube am Quai Suffren. Livemusik hört man auch im **Octave Café** an der Place de la Garonne.

SERVICE

Auskunft

Office du Tourisme → S. 83, b 1

Quai Jean-Jaurès, 83990 Saint-Tropez; Tel. 04 94 97 45 21, Fax 04 94 97 82 66; www.ot-saint-tropez.com

Baden

Saint-Tropez selbst hat keinen einzigen Badestrand, aber die Straßen der Halbinsel münden fast alle an Sandstränden, die **Bouillabaisse**, **Les Salins**, **Tahiti** heißen oder **Pampelonne** (→ S. 88), das ist der berühmteste, fast 5 km lang in der Nähe des Caps Camarat. Dort stehen auch sehr schöne, sehr exklusive Hotels mit Restaurants am Wasser.

Ziele in der Umgebung

Bormes-les-Mimosas

5300 Einwohner → S. 116, C 3

Gibt es ein schöneres mittelalterliches Dorf an der Küste, vor allem im Winter, wenn von Januar bis März an der Bergflanke Mimosen blühen? Die Truppen Napoleons III. sollen sie aus Mexiko mitgebracht haben. In Blumengärten und hinter Mauern versteckt findet sich hier eine beträchtliche Anzahl von Prominentenhäusern (auch Villen fürstlicher Familien, wie der Belgiens und Luxemburgs).

Künstler und Kunsthandwerker lassen sich gern von der lieblichen Landschaft inspirieren. An der romanisch beeinflussten Kirche **St-Trophyme** aus dem 18. Jh. erinnert eine Sonnenuhr daran, wie schnell die Zeit an der Côte d'Azur vergeht. Die Kapelle **Notre-Dame-de-Constance** (13. Jh.) an der Straße nach Collobrières ist bis heute Wallfahrtsort. In einer Dreiviertelstunde kann man durch den Mimosenwald den Kreuzweg hinaufgehen und anschließend an der Orientierungstafel das Panorama genießen.

28 km südwestl. von Saint-Tropez

Das mittelalterliche Bormes-les-Mimosas ist bekannt für sein üppig-grünes Dorfbild.

HOTELS/ANDERE UNTERKÜNFTE

La Grande Maison → S. 116, C 3

Mitten in einem Weinanbaugebiet liegt das zauberhafte Anwesen La Grande Maison, das von seinen Besitzern mit viel Liebe und Geschmack eingerichtet worden ist. Es gibt insgesamt nur drei Zimmer und zwei Suiten (für vier Personen). Ein Reitstall sowie ein Schwimmbad sind ganz in der Nähe gelegen. Besonders schön ist es im Frühjahr zur Mimosenblüte.

Domaine des Campaux, RN 98; Tel. 04 94 49 55 40, kein Fax; Dez. und Jan. geschl. ●●●

ESSEN UND TRINKEN

Lou Portaou

Zauberhaftes Interieur wie aus einer anderen Zeit mit guter regionaler Küche. Man kann sich auch ein Tischchen an der kleinen Straße unter den Arkaden reservieren lassen.

1, rue Cubert-des-Poètes; Tel. 04 94 64 86 37 ●●● CREDIT

Cogolin

→ S. 117, D 3

9100 Einwohner

Das mittelalterliche Städtchen am Fuß des Maurenmassivs lockt mit eher ungewöhnlichen Vorzügen. Die hier produzierten **Teppiche** (Bd. Louis-Blanc) schmücken das Weiße Haus in Washington ebenso wie den Palast von Aga Khan. Außerdem werden **Bruyère-Pfeifen** (58, av. Georges-Clemenceau) hergestellt, und auch für seine Mundstücke für Blasinstrumente ist Cogolin unter Kennern weltbekannt.

8,5 km westl. von Saint-Tropez

Gassin

→ S. 117, D 3

2700 Einwohner

In Frankreich als eines der schönsten Dörfer ausgezeichnet, von Weinfeldern umgeben und sehr gepflegt, mit romanischer Dorfkirche und Resten einer Festung aus der Sarazenenzeit. Von der in 200 m Höhe gelegenen Ortschaft hat man einen wunderschönen Blick auf die Umgebung.

7,5 km südwestl. von Saint-Tropez

HOTELS/ANDERE UNTERKÜNFTE

Bello Visto

Wie der Name schon sagt: Die Aussicht ist wirklich grandios. Unten liegt die Bucht von St-Tropez, auf der Terrasse genießt der Gast die köstlichen Muscheln (»sauce poulette«).

Pl. du Barri; Tel. 04 94 56 17 30, Fax 04 94 43 45 36; 9 Zimmer ●● CREDIT

Grimaud/Port Grimaud

3300 Einwohner → S. 117, D 3

Wie aus dem Lehrbuch für Architekten, wunderschön restauriert, mit Blumen geschmückt oder mit Arkaden wie in der **Rue des Templiers**. Die **Burgruine** der ehemaligen Herren von Grimaldi erlaubt einen weiten Blick über die Bucht. Leckermäuler gucken eher auf dem Boulevard des Aliziers in die **Pâtisserie du Château**.

Ungefähr 6 km entfernt ist ab 1966 ein einzigartiges Küstendorf auf dem ehemals sumpfigen Gelände entstanden, ein pastellfarbener provenzalischer Ferienort mit Kanälen, wo jeder sein Boot quasi direkt vor der Haustür festmachen kann. Wer hier eine Wohnung mietet, erreicht den Liegeplatz seiner Jacht meist bequem über die Terrasse. Die Kanäle lassen sich aber auch mit gecharterten Elektrobooten erkunden.

10 km westl. von Saint-Tropez

Massif de l'Estérel

→ S. 117, E 2/F 1

Die Küstenstraße und die D 6007 (früher N 7) schließen das uralte Vulkangebirge ein. Mit Kork-, Steineichen und Macchia bedeckt, ist das Gebirgsmassiv fast unbewohnt. Zauberhaft ist die Küstenstraße nach Cannes zwischen roten Porphyrfelsen und blauem Meer. Die D 6007 nach Mandelieu, eine ca. 30 km lange Schneise durch die zackigen Felskämme, windet sich, wie schon die römische Via Aurelia, den Berg hinauf, gibt zwischen Felsenrot und Garrigue-Grün den Blick auf Meeresblau frei. Am Hauptkamm lohnt es sich anzuhalten.

Eine Forststraße beginnt an der Kreuzung Carrefour du Testannier und endet 3 km später fast am Gipfel des 618 m hohen **Mont Vinaigre**. Von dort hat man einen großartigen Blick auf die Umgebung. Von der Küste aus führen Wege zum Pic de l'Ours und Pic du Cap Roux.

Massif des Maures

⋯› S. 116/117, B 3/D 2

Über eine Länge von 60 km, zwischen den Orten Hyères und Fréjus, zieht sich das 30 km breite und von Wald bedeckte steinige Bergland an der Küste entlang. Es hat seinen Namen nicht von den Mauren (Sarazenen), sondern vom provenzalischen Wort »maure«, was zu Deutsch so viel bedeutet wie »dunkel« und »unheimlich«. In einem Talkessel liegt der Ferienort **Collobrières** (die dortige Confiserie Azurienne ist Liebhabern exquisiter Konfitüren und kandierter Früchte einen Umweg wert).

Über die D 14 gelangt man zur **Chartreuse de la Verne**, einem 1170 gegründeten Kartäuserkloster, in dem seit 1982 die Schwestern von Bethlehem leben. Nach der Restaurierung haben sie große Teile (Kreuzgänge, Kapellen, Kartause, Friedhof, Bäckerei und Ölpresse) der Öffentlichkeit wieder zugänglich gemacht (im Sommer Mi–Mo 11–18, im Winter bis 17 Uhr, Nov. geschl.).

Nördlich von Collobrières kann man das Schildkrötendorf (**Village des Tortues**) in Gonfaron besuchen (März–Nov. tgl. 9–19 Uhr).

Nur Reste einer Festung erinnern in **La Garde-Freinet** an das ehemalige Räubernest der Sarazenen, das zwar 400 m hoch, aber nur eine halbe Autostunde vom Strand entfernt liegt (Office du Tourisme; Tel. 04 94 43 67 41, Fax 04 94 43 08 69).

Die Chartreuse de la Verne, ein Kartäuserkloster aus dem 12. Jahrhundert, war fast verfallen, als 1982 die Restaurierung begann. Zu besichtigen sind im Inneren eine alte Bäckerei, eine Ölmühle, eine Kapelle und ein im Wiederaufbau befindlicher Kreuzgang.

Ramatuelle

S. 117, D 3

2100 Einwohner

Wie eine Festung schützen Hausmauern den hübschen Ort inmitten von Weinfeldern. Im Sommer öffnen Künstler, Kunsthandwerker und Antiquare ihre Läden. Der feine Sandstrand **Pampelonne**, fast 5 km lang mit gut zwei Dutzend Restaurants, gehört zum Gemeindegebiet. Der 1959 verstorbene Schauspieler Gérard Philippe, der in Ramatuelle ein Sommerhaus besaß, ist hier begraben. Häufig besuchen Verehrer das Grabmal rechts an der Friedhofsmauer.

10

8 km südl. von Saint-Tropez

Hotels/andere Unterkünfte

Club 55

Club, Strandrestaurant und Mythos – hier ist der Jetset zu Hause, hier feiern die Sternchen, und es gibt sechs Cabanons für vier bis sechs Personen – was man vielleicht mit Strandhütten übersetzen könnte, wäre das nicht zu profan –, die man wochenweise mieten kann.

43, bd. Patch; Tel. 04 94 55 55 55, Fax 04 94 79 85 00; Mitte März–Okt. ●●● CREDIT

Les Moulins de Ramatuelle

Weinfelder, Küchengarten und eine wohldosierte Menge Einsamkeit umgeben ein wirklich entzückendes provenzalisches Haus, gerade 500 m vom berühmten Strand Pampelonne entfernt. Chef in Haus und Küche ist Starkoch Christophe Leroy.

Route des Plages; Tel. 04 94 97 17 22, Fax 04 94 97 72 70; www.christophe-leroy.com; 4 Zimmer, 1 Suite ●●● CREDIT

L'Ecurie du Castellas

Charmantes kleines Hotel mit wunderbarem Blick über die Dächer von Ramatuelle und die Bucht von Pampelonne. Schöne Zimmer in warmen Farbtönen und ein gutes Restaurant mit Terrasse.

Route des Moulins de Pallas; Tel. 04 94 79 11 59, Fax 04 94 79 21 04; www.lecurieducastellas.com; 16 Zimmer ●● CREDIT

Le Rayol

S. 117, D 3

700 Einwohner

Allein die Lage an der Corniche des Maures ist schon einen Abstecher zur **Domaine du Rayol** wert: ein idyllischer Garten, 1910 auf 5 ha Land wie ein Amphitheater mit Kiefern, Korkeichen, Mimosen und über 400 mediterranen Pflanzenarten angelegt. Eine märchenhafte Kulisse für sommerliche Musikabende (Mo, 21 Uhr).

26 km südwestl. von Saint-Tropez, Av. des Belges; tgl. 9.30–12.30 und 14.30–16.30 Uhr (Führung 15 Uhr)

Sainte-Maxime

S. 117, E 2

9000 Einwohner

Palmen an der Uferpromenade, eine kleine Fußgängerzone, schmale Sandstrände – aus der alten Siedlung der Phönizier ist längst ein beliebtes Familienbad mit Jachthafen und einer Fülle von Ferienresidenzen geworden.

An der D 25 nach Muy liegt das **Musée du Phonographe** (10 km, Ostern–Sept. Di–So 10–12 und 14–18 Uhr) mit Leierkästen, Musikautomaten und mehr als 300 Exponaten.

9 km nördl. von Saint-Tropez

Saint-Raphaël und Fréjus

S. 117, E 2

42 300 Einwohner

Nirgendwo an der Riviera finden sich so viele Spuren aus der Zeit der Römer. Der Name des Ortes Fréjus soll auf das von Cäsar gegründete Forum Julii an der Via Aurelia zurückzuführen sein. In der kurzen Blütezeit im 1. Jh. v. Chr. entstand auch das **Amphitheater**, dessen Größe darauf hinweist, dass die Stadt damals ähnlich viele Einwohner wie heute gehabt haben muss. Der riesige Militärhafen des Augustus wurde erst im 18. Jh. aufgegeben. Im Jahre 1989 legte man – zeitgemäß – einen neuen **Jachthafen** an und drumherum einen Ort für die Nutzer der beiden scheinbar endlosen Sandstrände beim Port Fréjus und im nahe gelegenen Vorort **Saint-Aygulf** (sie zählen zu den längsten der Riviera).

Der Name »**Corniche d'Or**« für diesen Küstenabschnitt würdigt allerdings mehr das schöne Hinterland. An der N 7 sieht man noch Reste eines römischen **Aquädukts**, das Wasser aus dem Estérel transportierte. Riesige Betonblöcke im **Tal des Reyran** erinnern an eine neuzeitliche Katastrophe, den Bruch des Staudammes Barrage de Malpasset 1959, der 421 Menschenleben kostete und die Stadt in Schlamm versinken ließ. Wo die beiden Flüsschen Nartuby und Argens zusammenmünden, landeten im August 1944 englische und amerikanische Fallschirmtruppen.

Das halb so große **Saint-Raphaël** entwickelte sich im 19. Jh., auch dank des Eisenbahnbaus 1864, zum schicken Nachbarn. Daran erinnern die Belle-Époque-Villen am Meer. Bereits im Jahr 1935 wurde hier der erste französische Tauchclub gegründet, und vor der Küste geht man diesem Unterwassersport auch heute noch mit Begeisterung nach.

37/36 km nordöstl. von Saint-Tropez

Essen und Trinken

L'Arbousier

Schönes, helles Feinschmeckerrestaurant, das die regionale Küche pflegt und auch von Einheimischen sehr geschätzt wird. Schattiger Garten.

6, av. de Valescure, St-Raphaël; Tel. 04 94 95 25 00; So abends und Mo außerhalb der Saison geschl. ●●● CREDIT

La Bouillabaisse

Hier gibt es nicht nur die berühmte gleichnamige Suppe. Auch Muscheln und Schollen sind im Angebot – immer frisch, denn der Fischmarkt ist gleich nebenan.

Pl. Victor-Hugo, St-Raphaël; Tel. 04 94 95 03 57; Mo geschl. ●●● CREDIT

Service

Auskunft

Office Municipal du Tourisme

325, rue Jean-Jaurès, 83600 Fréjus; Tel. 04 94 51 83 83, Fax 04 94 51 00 26; www.ville-frejus.fr

Saint-Raphaël ist der mondäne Nachbarort des doppelt so großen Fréjus.

Bilder aus Licht und Tupfen

Die Maler des Impressionismus haben das bis dato unbekannte Saint-Tropez berühmt gemacht.

Sie kommen am frühen Morgen, wenn es noch frisch ist in den Straßen von Saint-Tropez. Noch glänzen die Gehwege, die Sprühwagen sind gerade vorbeigefahren. Jetzt stellen die Maler ihre Staffeleien an den Kai. Es sind nur Männer, manche tragen Baskenmützen, andere Zöpfe. Und die großen Sonnenbrillen, die wieder modern sind. Ihre Bilder leuchten farbenfroh, als seien die Pinsel noch feucht. Aber sie haben sie gerade aus dem Kofferraum ausgeladen. Die Motive spiegeln den Ort nicht, und wenn auf den Gemälden Boote im Wasser dümpeln, sind sie nur dekorativ.

Die frühen Spaziergänger am Ancien Bassin werfen flüchtige Blicke auf die Freiluftausstellung. Viele ahnen nicht einmal, dass Saint-Tropez wohl niemals ein so attraktives Feriénziel geworden wäre, hätten Maler es nicht entdeckt und auch berühmt gemacht – vor Brigitte Bardot.

Vor 100 Jahren lag der kleine Ort einfach am Ende einer Sackgasse. Eine Küstenstraße gab es noch nicht, die Post kam mit der Kutsche über die Höhenzüge der Maures. Paul Signac ging 1892 mit seiner Segeljacht »Olympia« an Land. Er war ein »vieux Tropézien«, denn einer seiner Vorfahren war im 16. Jh. Kommandant der Befestigungen im Gebirge gewesen. Signac ist der Maler, der seine Bilder aus Licht zusammengetupft hat und als Vertreter des Pointillismus bekannt geworden ist. Henri Matisse, Pierre Bonnard und Albert Marquet hatte er an die Mittelmeerküste mitgebracht. Henri-Charles Manguin und Charles Camoin folgten ihnen.

In Paris hielt man diese Männer für verrückt (»Sie wollen den Sommer wirklich in der Sahara verbringen?«). Die Verrückten malten und begründeten die Mittelmeerschule, die bald Weltruhm errang und vor deren Aus-

stellungen die Menschen heute wieder Schlange stehen. Die wichtigsten Werke jedoch kann man in diesem Städtchen sehen, und das ist Georges Grammont zu verdanken.

Von der Kapelle zur Kunstgalerie

Der Fabrikant aus Lyon, der hier lebte und auch starb, hat das Saint-Tropez der »Gründerzeit« als Kunstkenner und generöser Sammler bewahrt. Am Westende des Hafens in der Nähe der Schiffswerft gab es die seit Jahren ungenutzte Kapelle L'Annonciade, die er kaufte und für seine Sammlung umbauen ließ (→ MERIAN-Tipp, S. 83). Entstanden ist eine der besten Kunstausstellungen französischer Impressionisten, die seit dem Tod des Sammlers 1955 der Stadt gehört.

Nahezu 100 Gemälde sind neben den Bronzen von Aristide Maillol und Charles Despiau zu sehen, sorgfältig aus den charakteristischen Arbeiten der Maler, die van Gogh und Cézanne folgten, ausgewählt: Paul Signac (»L'Orage«), Georges Seurat (»Der Hafen von Gravelines«), Henri Cross, Maurice de Vlaminck, Raoul Dufy, Maurice Utrillo, Georges Braque, Henri Matisse (»Korsische Landschaft«, »Interieur in Nizza«, »La Femme à la Fenêtre«), Pierre Bonnard (»Akt am Kamin«), Jean-Eduard Vuillard (»Zwei Frauen bei Lampenlicht«, »Interieur mit zwei Stühlen«), Charles Camoin (»La Place des Lices«)....

In einer Nacht im Juli 1961 fuhren Diebe vor und stahlen 56 der Bilder, allesamt unversichert. Geschätzter Schaden damals: 5 bis 8 Mio. Francs. Die Diebe mussten Kenner sein, im ersten Raum im Erdgeschoss ließen sie »Das Landhaus in Saint-Tropez« des wenig bekannten Malers Urbain hängen. 1962 tauchten die Gemälde wieder auf, aber das Museum blieb drei Jahre lang geschlossen, weil die Bilder restauriert werden mussten.

Mitte der Fünfzigerjahre waren die laufenden Bilder populärer als die im Museum, und dank Brigitte Bardot und Roger Vadim wussten Saint-Tropez und die Welt: »Et Dieu créa la Femme« (»Und immer lockt das Weib«). Bardot kaufte ein Haus, das Städtchen wurde als Symbol für Freiheit und Zügellosigkeit weltberühmt und zum Treffpunkt der Reichen und Schönen. Das wunderbare Saint-Tropez der Bilder, nur im Hochsommer überlaufen und teuer, gibt es jedoch immer noch.

Seit mehr als 100 Jahren zieht Saint-Tropez Maler in seinen Bann – einige berühmte und unzählige weniger berühmte ...

Routen und Touren

Im Grenzstädtchen Menton (→ S. 58) erkennt man die warmen Erdfarben aus dem benachbarten Ligurien wieder. Napoleon III. hat den Ort einst den Grimaldis abgekauft.

Ein ursprüngliches Hinterland mit schneebedeckten Gipfeln schließt sich an die blaue Küste an, und auch am Meer laden schöne Pfade zu Wanderungen ein. Oder folgen Sie den Spuren der großen Meister ...

Von Nizza zum Cime du Gélas – Langsam dem Schnee entgegen

Charakteristik: Eine Fahrt auf schmalen Straßen in die Seealpen; **Länge:** ca. 100 km; **Dauer:** mindestens 1 Tag; **Einkehrmöglichkeiten:** Châtaigneraie, hübsches Hotel in Saint-Martin-de-Vésubie (Juni–Sept.); **Auskunft:** Infos über Wanderungen, Führungen, Kletter-, Kajak-, Reit- oder Radtouren im Mercantour-Nationalpark liefern der Parc National du Mercantour in Nizza (Tel. 04 93 16 78 88), das Bureau de Guide du Val des Merveilles in Tende (Tel. 04 93 04 77 73) und das Bureau des Guides du Mercantour in St-Martin-de-Vésubie (Tel. 04 93 03 31 32); **Karte:** → S. 119, D 7–E 5

Vögel fliegen 40 km von der Mittelmeerküste vor Nizza bis zum 3143 m hohen Schneegipfel des Gélas, Menschen im Auto wechseln langsam Höhen und Welten. Darum kommt ihnen die Strecke durch die »Suisse niçoise« im Vésubie-Tal, wie man hier sagt, länger vor, als sie tatsächlich ist.

Nizza → Mont Chauve

Etwa 92 m über dem Meeresspiegel liegt der Gipfel des **Burgbergs von Nizza**. Man verlässt die Küste der kanarischen Palmen in Richtung Norden auf der D 19 Richtung Tourrette-Levens, biegt links zum **Mont Chauve** ab und findet sich schnell in der **Garrigue**, dem Land der immergrünen Eichen, der Wacholder- und Ginsterbüsche wieder. Regen hat den Kalkboden ausgewaschen, hier und da sind Terrassen für die Olivenkultur angelegt. Man kann in die Fledermaushöhle von **Ratapignata** mit ihren Stalagmiten sehen und in der Ferne Wasser plätschern hören. War die Pyramide ein Wasserturm?

854 m: Vom **Chauve** hat man bereits einen herrlichen Panoramablick. Ob sich der russische Komponist Mussorgski hier zu seiner sinfonischen Dichtung »Nacht auf dem Mont Chauve« inspirieren ließ? Zurück auf die D 19 nach Levens.

1413 m: Unter dem Gipfel des **Mont Férion** erlaubt ein Wachturm – als Waldbrandmelder gebaut – einen Blick auf Mittelmeer, Var-Tal und im Osten das Paillon-Tal. Vom Fort aus kann man sich vorstellen, dass der Var lange Zeit die natürliche Grenze Frankreichs mit Savoyen bildete.

Mont Férion → Lantosque

953 m: Der **Vésubie** stürzt sich rauschend in eine Schlucht. Sein Tal war einst Schauplatz gigantischer seismischer Bewegungen. Im Jahr 1564 hat das schwerste Erdbeben, das Frankreich erlebte, das Dorf **Lantosque** fast zerstört, und zwischen den Bergen haben blutige Grenzkriege stattgefunden. Im kleinen Laden gegenüber der Post gibt es Wasser aus dem »Tal der Wunder«.

Belvédère → Mercantour-Nationalpark

2300 m: Über **Belvédère**, ein Alpendorf, das nichts Provenzalisches mehr erkennen lässt, und **Saint-Martin-de-Vésubie**, wo sich Boréon und Madone de Fenestre zum Vésubie vereinigen, erreicht man – auf einem bis zu 15 % ansteigenden Sträßchen, das 1998 nach etwa 6 km vom Wasser zerstört wurde und der Reparatur harrt – das Refugium **Madone de Fenestre**, eine Hütte für Wanderer und somit nur zu Fuß erreichbar.

Auf 1900 m Höhe steht eine **Wallfahrtskapelle**. Wo alle Straßen zu Ende sind, beginnt schließlich der **Mercantour-Nationalpark**, der nahezu den gesamten Norden des Départements einnimmt. Hinter den Bergen versteckt sich das »Tal der Wunder«, **Vallée des Merveilles**, mit uralten Felszeichnungen. Je nach Jahreszeit könnte auf dem Gipfel des Gélas noch Schnee liegen.

Strandwanderung zum Cap de Saint-Tropez – Villen, Sand und Pinienzapfen

Charakteristik: Strandwanderung auf Sand und Kies; **Länge:** 14 km; **Dauer:** 4 Std., ohne Badepause (Getränke mitnehmen); **Einkehrmöglichkeiten:** Strandimbiss an der Plage des Canebiers und der Plage des Salins; **Auskunft:** Office du Tourisme Saint-Tropez (→ S. 85); **Karte:** ⇢ S. 117, E 3

Vielleicht liegt es ja gar nicht am berühmten Städtchen selbst, weder an bekannten Bewohnern noch sagenhaften Urlaubern, dass sein Ruf unvergänglich und seine Beliebtheit durch nichts zu stören ist? Wer einmal um das Cap spaziert, wird sich unsterblich verlieben und feststellen: Es ist die paradiesische Natur.

An der **Zitadelle** kann man den längeren Ausflug starten (Badezeug, Hut und Sonnenschutzmittel mitnehmen). Von hier hat man schon einen faszinierenden Blick auf den Ort und auf den azurfarbenen Golf.

Die Festungsanlage über dem Meer ist im 17. Jh. entstanden. Im Zweiten Weltkrieg wurde sie erst von Italienern, dann von Deutschen besetzt, bevor die ein letztes Mal von den Alliierten angegriffen wurden. 1958 wurde im Bergfried ein **Marinemuseum** eingerichtet, in dem man sich über die Geschichte der Schifffahrt und des Meeres in Saint-Tropez informieren kann (Mi–Mo 10–12.30 und 13.30–18.30, im Winter bis 17.30 Uhr). Der Weg verläuft nach Osten und führt zwischen Pinien und Eukalyptusbäumen am Meer und an winzigen Buchten entlang.

Plage des Canebiers wäre der Ort für eine Schwimmpause, wenn man Schilf und Boote im Sand hinter sich gelassen hat. Dann geht es aber auf der **Route de l'Estagne** weiter, die bald zum ordentlichen Weg wird und sich danach durch die Gärten am Meer schlängelt. Hinter dem kleinen Hafen vom **Cap Saint-Pierre** sieht man schon bis zur nächsten Ecke, die **Pointe-de-la-Rablou**, und über den ganzen Golf und bis nach Sainte-Maxime hinüber. Stattliche Villen säumen den Strand, und die Kapitäne der Ausflugsschiffe hört man süffisant über deren Besitzer tratschen: Hinter jenen Fensterläden hat Lady Di ihre letzten Ferien verbracht, dort lag Romy Schneider am Pool ...

Plage des Salins ⇢ Saint-Tropez

Die Landschaft verändert sich, wird weit und windig, die Schreie der Möwen und Kormorane begleiten – wahrscheinlich einsame – Spaziergänger. Nun folgen unterschiedliche Strände aufeinander. In Höhe des Restaurants muss man die **Plage des Salins** verlassen und dem Weg landeinwärts nach Saint-Tropez folgen – durch eine sanfte Landschaft mit Gärten, Weinreben und Kiefern.

Paradiesische Zustände versprechen die nahezu unberührten Strände rund um das Cap de Saint-Tropez.

Über Italien nach Tende – Ganz unten rauscht der Roya

Charakteristik: Bergfahrt mit Kehren; **Länge:** ca. 100 km (Hin- und Rückfahrt); **Dauer:** Tagesausflug; **Einkehrmöglichkeiten:** Auberge Tendasque in der mittelalterlichen Altstadt von Tende (Di geschl.), Prieuré in Saint-Dalmas-de-Tende; Centre d'Aide par le Travail, La bonne auberge in Breil-sur-Roya, 52, rue Pasteur; **Auskunft:** Office de Tourisme Menton (→ S. 60); **Karte:** → S. 119, E 7

Von Monaco geht es ca. 20 km über Beausoleil und Menton an der Küste entlang bis Vintimille. Wer »XXmiglia« sieht, muss **Ventimiglia** lesen, nur in Frankreich heißt der erste Ort jenseits der französischen Grenze Vintimille. Jeden Freitagmorgen sind die Marktpilger unterwegs, ganz früh schon. Dann beginnt der ca. 2 km lange Markt am Ufer, und am Nachmittag sind die Züge Richtung Côte d'Azur proppenvoll mit Menschen, Taschen, Tüten. Dieselbe Riviera wie in Menton, doch offensichtlich eine andere Welt. Die Stadt an der Roya-Mündung, mit einer Altstadt am Berg und der Neustadt am Meer hinter Palmen, sieht viel bescheidener aus und ist mehr Arbeits- als Ferienort. Die Häuser sind nicht kräftig bunt, der Putz bröckelt.

Menton → Tende

Auto-, Zugstrecke und Grenze laufen zunächst nebeneinander. Schnell verlässt man die Vorgärten des Ortes, und es geht aufwärts, bis zur Staatsgrenze bei **Fanghetto**. Die Fahrt ist mühsam, Kehren, Schleifen, Tunnel lösen sich ab, und ganz unten rauscht der Roya. Das war das Jagdgebiet des italienischen Königs Vittorio Emmanuele II, als die feine Gesellschaft noch die Sommer in den Bergen genoss.

Breil-sur-Roya am linken Flussufer ist der erste Ort an der Strecke. Hier wird ein köstliches Olivenöl gepresst, das schon früh am Zarenhof geschätzt und bis Skandinavien exportiert wurde. Die dichten Wälder werden nun durchsichtiger, die Vegetation zeigt sich niedriger. Das Dörfchen **Saorge** mit einer erstaunlich jungen Bevölkerung lädt zur Pause ein. Die Reste einer Burg erinnern an die strategische Lage des Orts. Überhaupt sieht Saorge aus wie eine bewohnte Festung über steilem Hang. Dass es auch eine ist, merken Besucher sofort: Das Auto muss draußen bleiben. Die mittelalterlichen Gassen zwischen den hoch gestapelten Häusern sind nicht viel mehr als schmale Gänge, von Treppen abgelöst. Wer zum barocken Franziskanerkloster am Ende des Ortes will, passiert sogar ein Waschhaus.

Saint-Dalmas-de-Tende verblüfft mit einem geradezu riesigen Bahnhof. In den Dreißigerjahren war der Ort eine beliebte Sommerfrische, und dies war der Grenzbahnhof auf der Strecke Nizza–Cuneo.

Dann ist **Tende** erreicht, 876 m hoch, erst seit 1947 (und nach Volksentscheid) französisch, und der **Col de Tende** legt noch 1000 m dazu. Man kann auch diesen Ort nur zu Fuß besichtigen (Parkplätze an der Hauptstraße und am Bahnhof), zur Kirche hochgehen, weiter zum Friedhof und zu den Burgresten. Dann blickt man über die tief gezogenen Schieferdächer, an denen der Schnee abgleiten kann, und hat vielleicht Lust bekommen, an einem anderen Tag zum Mercantour-Nationalpark zu wandern. Im **Museé des Merveilles** (an der Hauptstraße, Richtung Italien links) kann man sich auf das gleichnamige Tal einstimmen. Auf der Rückfahrt über den Col de Brouis zweigt man hinter Sospel ab und gelangt wieder hinunter nach Menton und Monaco.

Die Corniche d'Or – Entlang der Küste zwischen Cannes und Saint-Raphaël

Charakteristik: Kurvige Fahrt entlang einer der schönsten Steilküsten der Riviera und durch den Estérel zurück; **Länge:** 60 km; **Dauer:** Mit Wanderung 1 Tag; **Einkehrmöglichkeiten:** Au Relais des Calanques in Le Trayas, Restaurants und Bars in Saint-Raphaël; **Auskunft:** Office de Tourisme Cannes (→ S. 69); **Karte:** ⟶ S. 117, F 1

Wer Cannes auf der N 987 Richtung Théoule-sur-Mer verlässt, wird, wenn es nicht gerade Hochsommer ist, bald entzückt sein. Über dem tiefblauen Meer erheben sich leuchtend rote Steine, bewachsen von wucherndem Grün – einzigartige Kontraste, wie es sie an dieser Küste sonst nicht gibt. In der Hochsaison kriechen allerdings Autos Stoßstange an Stoßstange hier entlang, und es gibt vermutlich auch keinen freien Parkplatz zum Gucken und Staunen. 1903 kam der Touring Club, ein französischer Wanderclub, auf die Idee, die Strecke am Fuß des Estérel-Massivs ausbauen zu lassen, und seitdem schlängelt sich die extrem kurvige Straße an den bizarren Felsen und an winzigen Buchten entlang. Auch bei Radfahrern ist sie sehr beliebt. Hier und da tauchen im klaren Wasser schroffe Riff-Ausläufer auf, gelegentlich passiert man einen Weiler mit einer Handvoll Häuser.

Le Trayas ⟶ Le Sémaphore du Dramont

Etwa in der Mitte und am höchsten Punkt der ca. 30 km langen Strecke an den Porphyrfelsen bis Saint-Raphaël liegt das Dorf **Le Trayas**. Hier beginnt ein nicht ganz einfacher Wanderweg auf den 498 m hohen Pic de l'Ours. Die Route über Steine und durch Unterholz – teils über den Wanderweg GR 51 – hinauf zur Bärenspitze ist 12 km lang (ca. 5 Std.). Kletterer werden mit fantastischem Blick über die Lérins-Inseln belohnt und sollten unterwegs nicht vergessen, immer wieder anzuhalten und zurückzublicken.

Von Mitte Juni bis Mitte September wird es zu warm sein für diese Tour, möglicherweise sind auch Strecken gesperrt, denn zahlreiche Waldbrände haben in den vergangenen Jahren in den Korkeichen, Koniferen und Kastanienwäldern, in Ginster, Heidekraut und Lavendel gewütet, sodass bei anhaltender Hitze Vorsorgemaßnahmen getroffen werden. In den Schneisen vergangener Brände dehnt sich die Macchia aus, in der Wildscheine, Hirsche, Fasane und Hasen Unterschlupf finden.

Le Sémaphore du Dramont ist der letzte tolle Aussichtspunkt mit Lion de Mer, dem Felsen im Wasser, und Lion de Terre an Land, die zusammen den Eingang zum Golf de Fréjus bewachen. Die **Route d'Agay** hinter dem Strand (Plage du Dramont) bietet sich noch für einen entspannten Spaziergang an, bevor man über Fréjus – Richtung Tour de Mare – am 618 m hohen Mont Vinaigre vorbei nach Cannes zurückfährt.

Weniger zum Baden, eher zum Wandern geeignet: Corniche de l'Estérel (→ S. 86).

Auf den Spuren der Meisterwerke – Renoir, Matisse, Picasso, Bonnard, Chagall, Dufy ...

Charakteristik: Besuch von authentischen Orten, die auf Bildern berühmter Maler verewigt sind; **Länge:** ca. 100 km; **Dauer:** 2–3 Tage; **Einkehrmöglichkeiten:** in jedem der Orte in großer Zahl; **Auskunft:** Broschüre »Peintres et Paysages de la Côte d'Azur« in den Touristinformationen jedes der genannten Orte; **Karte:** ⇢ S. 119, D 7

Wer von Nizza Richtung Antibes nach Südwesten fährt, erreicht nach etwa 12 km den Fischerhafen Cros-de-Cagnes, Cagnes-Ville, das Einkaufsviertel, und biegt dort ins Landesinnere und hinauf nach **Haut-de-Cagnes**.

Hier im Grimaldi-Schloss, das im 14. Jh. als Vorposten gegen Piratenangriffe erbaut wurde, ist 2006 die Idee entstanden, für die Besucher der Côte d'Azur einen Leitfaden zu entwickeln, der sie wie die Maler, die seit 100 Jahren zum Arbeiten in die traumhaft schöne Landschaft kamen, zu Sehenden macht, sie innehalten lässt vor Motiven, die von berühmter Hand auf die Leinwand gebannt wurden und heute als wertvolle Gemälde in den Museen der Welt – und manche auch in dieser Gegend – bewundert werden. An vielen Orten sind Tafeln aufgestellt, auf denen Besucher Bild und echtes Motiv vergleichen können.

Die liebliche Landschaft der Zypressen, Mimosen, Geranien haben Maler wie **André Derain**, mit **Henri Matisse** einer der Initiatoren der Fauvisten, oder den Russen **Chaim Soutine** zu Beginn des 20. Jh. inspiriert. Von Gauguin hatten sich Pierre Bonnard, Soutine und Félix Vallotton zur Gründung der »Nabis« anregen lassen. Das sind »Propheten« auf Hebräisch, und diese zeigten den Weg zu den klaren Linien.

Zehn Kunstwerke sind allein hier, in Haut-de-Cagnes, zu sehen (Place Grimaldi, Mi–Mo 10–12 und 14–17, Sommer bis 18 Uhr). In der Domaine de Colettes hatte sich **Jean Renoir** niedergelassen, auch in der Hoffnung, dass seine Arthritis ihm im Süden nicht so zu schaffen machen würde wie in der Metropole Paris. Seine Villa ist heute **Renoir-Museum** (Chemin des Colettes; Mi–Mo 10–12 und 14–17, Sommer bis 18 Uhr), neben einigen Bildern und seiner Farbpalette steht aber auch der Rollstuhl, auf den der Maler dann doch nicht verzichten konnte. Auch Henri Matisse hat den Garten Renoirs gemalt.

Cagnes-sur-Mer ⇢ Antibes

Am Wasser entlang geht es ca. 12 km bis **Antibes**, zu der Stadt, die **Picasso** ein Atelier im Schloss angeboten hatte, als er 1946 nach Frankreich kam. Alles erinnerte ihn an seine Heimat Spanien, hier entstand eine Fülle lebensfroher Gemälde und Skulpturen, die man im Picasso-Museum (→ MERIAN-Tipp, S. 72) sehen kann. Aber jetzt geht es um die anderen, die von Licht und Farben so fasziniert waren, dass sie festzuhalten versuchten, was sie sahen. Hier stehen die Tafeln, die an ihre Gemälde erinnern: **Monet** malte dieselben Orte in Antibes immer wieder, zu verschiedenen Jahreszeiten, bei wechselndem Licht, **Delacroix** wählte den Pointillismus, um das Flirrende festzuhalten. Die Originale können Sie jetzt nicht sehen, sie hängen in Museen in den USA oder in Privatsammlungen. Bleiben Sie am Wasser, **Boudins** »Le port d'Antibes« können Sie im Museum der schönen Künste in Nizza später im Original bewundern.

Antibes ⇢ Grasse

11 km sind es bis Cannes und 4 km landeinwärts bis **Le Cannet** (Richtung Grasse). Hier sind drei Landschaften von **Pierre Bonnard** zu entdecken. 1926 hatte er die Villa Le Bosquet ge-

kauft und im Laufe der Jahre ganz unterschiedliche Bilder gemalt, seine »Paysage du Cannet« ist in Saint-Tropez im Original zu sehen, den »Orangen Himmel über Cannes« hat ein Sammler erworben.

12 km weiter nördlich liegt **Grasse**, die Stadt des Parfüms, die mit ihren engen Gassen und verwirrenden Düften die Künstler **Raoul Dufy**, **Charles Nègre** und **Yvon Peron** zu unterschiedlichen Interpretationen provozierte. Perons sehr modern anmutende »Vue de Grasse« hängt im Kunstmuseum von Grasse, das der Maler Jean-Honoré Fragonard in einer Villa aus dem 18. Jh. einrichtete (23, bd. Fragonard).

Finden Sie die Rue de la Fontette? Der Elsässer **Erwin Sutter**, einer der Expressionisten, die sich hier niederließen, hat sie mit vereinfachten Formen und klaren Farben gemalt, aber bedrohliche Schatten liegen auf der Straße zwischen den Häusern (Original in der Bibliothèque Municipal). Dufy – der 3000 Bilder, 6000 Aquarelle und 6000 Zeichnungen hinterließ – hat seinen Blick auf Grasse mit scheinbar leichter Hand – an der Place aux Aires? – skizziert.

Grasse ⇢ Antibes

Über Châteauneuf (in Richtung Villeneuve-Loubet) und Rouret geht es nach **Saint-Paul-de-Vence.** Man kann hinter Rouret von der D 2085 nach links abbiegen und kommt auf einer hübschen Strecke über La Colle-sur-Loup dort hin. **Marc** und **Vava Chagall** fanden 1966 hier den Platz, an dem sie sich ein großes Steinhaus, »La Colline«, bauen ließen, ideal zum Arbeiten und zur Erholung. Seine Werke hat Chagall dem Dorf gelassen, das ihn über 20 Jahre so freundlich aufgenommen hatte. Das Gemälde »Ma vie« und seine Mosaiken zum Thema »Les amoureux« gehören heute der Fondation Maeght am Ortsrand. Aber an der Fassade der Schule kann man einen originalen Chagall sehen.

Über Cagnes-sur-Mer geht es wieder zurück nach Nizza, an das **Villefranche-sur-Mer** im Osten fast grenzt. Ein Uferspaziergang bietet sich an und mindestens ein Vergleich mit **Eugène Boudins** »Rade de Villefranche« von 1892. **Jean Cocteau,** Genie und Dandy, hat hier gelebt und gemalt. Wahrscheinlich gibt es keinen Ort an der Küste, in dem nicht mindestens ein Maler gelebt hat oder noch lebt.

Die weithin sichtbare Silhouette von Saint-Paul-de-Vence (→ S. 42) ist von sanften Hügeln und grünen Tälern umgeben. Hinter der nahezu unversehrten Befestigungsmauer hat sich das mittelalterliche Stadtbild mit Wehrturm und Kirche erhalten.

Wissenswertes über Nizza und die Côte d'Azur

Der in der Sechzigerjahren angelegte Küstenort Port Grimaud (→ S. 86) ist von Kanälen durchzogen, sodass jeder sein Boot direkt vor der Haustüre festmachen kann.

Von Anreisemöglichkeiten über Bevölkerung, Feiertage und Verkehrsverbindungen bis zu den Zollmodalitäten: Alles Wissenswerte ist hier übersichtlich aufgeführt.

Jahreszahlen und Fakten im Überblick

900 000 v. Chr.
Bei Roquebrune-Cap-Martin hinterlassen Siedler Objekte aus Knochen und Kieseln.

380 000 v. Chr.
In der Gegend von Nizza leben Jäger und Sammler. Funde von Terra Amata bezeugen Feuerstellen und eine Wohnanlage.

4000–3000 v. Chr.
Steinzeitmenschen hinterlassen Keramikgefäße.

1800–800 v. Chr.
Ligurer bevölkern das Land.

600–100 v. Chr.
Griechische Kolonisten gründen die Siedlungen Monaco, Nizza und Antibes.

50 v. Chr.
Julius Cäsar erobert Massalia (das heutige Marseille), das gegen ihn für Pompejus Partei ergriffen hat. Römische Veteranen werden bevorzugt in Fréjus, Arles, Avignon und Orange angesiedelt.

6 v. Chr.
Augustus unterwirft die Alpenstämme. Als Siegeszeichen wird in La Turbie die Trophée des Alpes gebaut.

410 n. Chr.
Der hl. Honoratus aus Trier gründet auf der (später nach ihm benannten) Île St-Honorat eines der ersten Klöster des Abendlandes.

523
Der Germanenfürst Theoderich gliedert die Provence dem Westgotenreich ein.

536
Burgund und die Provence werden Teile des Frankenreichs.

843
Das Karolingerreich wird im Vertrag von Verdun geteilt. Karl II. erhält das spätere Frankreich, Lothar fällt das Mittelreich (Lotharingien) mit der Provence zu.

863
Ludwig II. wird König der Provence.

10. Jh.
Wiederholte Einfälle der Sarazenen.

972
Guillaume d'Arles besiegt die Sarazenen und nennt sich Graf der Provence. Die Herrscher wechseln in rasanter Geschwindigkeit.

1308
Die genuesische Familie Grimaldi kauft den Besitz Monaco.

1388
Die Grafschaft Nizza entschließt sich zum Anschluss an Savoyen.

1486
Die Provence wird Frankreich angeschlossen.

1629
Große Pestepidemie an der Küste.

1789
Beginn der Französischen Revolution.

1793
Toulon wird unter Bonaparte von den Republikanern erobert, Nizza kommt zu Frankreich.

1814
Napoleon dankt ab und begibt sich von St-Raphaël aus nach Elba.

1815
Am 1. März kehrt Napoleon aus seinem Exil zurück und landet in Golfe-

Juan. Über die spätere Route Napoléon erreicht er am 20. März die Hauptstadt Paris, und es beginnt die »Herrschaft der Hundert Tage.«

1834
Lord Brougham gerät zufällig nach Cannes und findet Gefallen an dem hübschen Küstenort.

1860
Per Volksentscheid gehört Nizza mit den Seealpen endgültig zu Frankreich. Die Küste wird zum beliebten Winterkurgebiet.

1861
Der Fürst von Monaco verkauft die Orte Menton und Roquebrune an Frankreich.

1866
Monte Carlo wird gegründet.

1870/1871
Deutsch-französischer Krieg.

1878
Das Spielcasino in Monte Carlo wird feierlich eröffnet.

1887
Ein Roman von Stéphane Liégeard gibt der französischen Riviera ihren künftigen Namen: Côte d'Azur.

1919
Renoir stirbt. Er hatte sich zwölf Jahre zuvor in Haut-de-Cagnes niedergelassen. Picasso verbringt den ersten Sommer an der Côte d'Azur.

1933
Prominente deutsche Emigranten lassen sich vorübergehend an der südfranzösischen Küste nieder, Heinrich und Thomas Mann, Bert Brecht, Lion Feuchtwanger.

1942
Die deutsche Wehrmacht besetzt die strategisch wichtige Côte d'Azur.

1944
Die Alliierten landen bei Toulon und befreien das besetzte Frankreich.

1946
Pablo Picasso arbeitet im Grimaldi-Schloss in Antibes, in Cannes finden die ersten Filmfestspiele statt.

1947
Italien muss das Gebiet am Col de Tende an Frankreich abtreten.

1956
Traumhochzeit von Fürst Rainier von Monaco und Hollywoodstar Grace Kelly in Monte Carlo.

1962
Der Flughafen Nice-Côte d'Azur wird in Betrieb genommen.

1965
Gründung der Universität von Nizza.

1972
Die Départements Bouches-du-Rhône, Vaucluse, Hautes-Alpes, Alpes-Maritimes und Alpes-de-Haute-Provence werden zur Region Provence-Alpes-Côte d'Azur zusammengefasst.

1973
Picasso, der seit 1955 ständig an der Côte d'Azur lebt, stirbt in Mougins und wird in Vauvenargues begraben.

1980
La Provençale, die A8, schließt die Region an das französische und italienische Autobahnnetz an.

1990
In Nizza wird das Musée d'Art Moderne et Contemporain eingeweiht.

2006
Albert II. tritt die Nachfolge seines 2005 verstorbenen Vaters Rainier III. an.

2007
Cannes feiert die 60. Filmfestspiele.

Nie wieder sprachlos

Aussprache

~ über einem Vokal bedeutet, dass er nasal ausgesprochen wird:

ã wie chance
ẽ wie terrain
õ wie bonbon

Wichtige Wörter und Ausdrücke

Ja	*oui [ui]*
Nein	*non [nõ]*
danke	*merci [mersi]*
Wie bitte?	*comment [komã]*
Ich verstehe nicht.	*je ne comprends pas [schö nö kõmprã pa]*
Entschuldigung	*pardon/excusez-moi [pardõ/exküseh-moa]*
Hallo	*salut [salü]*
Guten Morgen/Tag	*bonjour [bõschur]*
Guten Abend	*bonsoir [bõsuar]*
Auf Wiedersehen	*au revoir [oh röwuar]*
Ich heiße ...	*je m'appelle [schö mapäl]*
Ich komme aus ...	*je suis de [schö süi dö]*
Deutschland.	*l'Allemagne [l'allmanj]*
Österreich.	*l'Autriche [l'otrisch]*
der Schweiz.	*la Suisse [la suis]*
Wie geht's?	*comment allez-vous/vas-tu [kommãt alleh-wu/kommã wa-tü]*
Danke, gut.	*bien, merci [bjẽ mersi]*
wer, was, welcher	*qui, quoi, lequel [ki, koa, lökel]*
wann	*quand [kã]*
wie viel	*combien [kombiẽ]*
wie lange	*combien de temps [kombiẽ dö tã]*
Sprechen Sie deutsch/englisch?	*parlez-vous allemand/anglais [parleh-wu almã/ãnglä]*
heute	*aujourd'hui [oschurdüi]*
morgen	*demain [dömẽ]*
gestern	*hier [iär]*

Zahlen

eins	*un [ẽ], une [ün]*
zwei	*deux [döh]*
drei	*trois [troa]*
vier	*quatre [katr]*
fünf	*cinq [sẽk]*
sechs	*six [sis]*
sieben	*sept [set]*
acht	*huit [üit]*
neun	*neuf [nöf]*
zehn	*dix [dis]*
einhundert	*cent [sã]*
eintausend	*mille [mil]*

Unterwegs

rechts	*à droite [a droat]*
links	*à gauche [a gohsch]*
geradeaus	*tout droit [tu droa]*
Wie kommt man nach ...?	*pouvez-vous m'indiquer le chemin pour aller à [puwe wu mẽdike lö schömã pur ale a]*
Wo ist ...	*où se trouve [u sö truw]*
die nächste Werkstatt?	*le garage le plus proche [lö garasch lö plü prosch]*
der Bahnhof?	*la gare [la gar]*
die nächste U-Bahn?	*l'arrêt de métro le plus proche [larrä dö metroh lö plü prosch]*
der Flughafen?	*l'aéroport [laehropor]*
die Touristen-information?	*l'office de tourisme [offis dö turism]*
die nächste Tankstelle?	*la station-service la plus proche [la stasjõ servis la plü prosch]*

Bitte voll tanken!	*le plein s'il vous plaît [lö plẽ sil wu plä]*
Normalbenzin	*essence [esãs]*
bleifrei	*sans plomb [sã plõ]*
Ich möchte ein Auto/Fahrrad mieten.	*je voudrais louer une voiture/un vélo [schö wudrä lueh ün voatür/ ẽ welo]*
Wir hatten einen Unfall.	*on a eu un accident [õna ü ẽnaksidã]*
Wo finde ich ...	*où est-ce que je trouve [uäskö schö truw]*
einen Arzt?	*un médecin [ẽ medsẽ]*
eine Apotheke?	*une pharmacie [ün farmasi]*
Eine Fahrkarte nach ... bitte!	*un ticket pour ... s'il vous plaît! [ẽ tikä pur ..., sil wu plä]*

Übernachten

Ich suche ein Hotel.	*je cherche un hôtel [schö schersch ẽnohtäl]*
Haben Sie noch Zimmer frei ...	*avez-vous encore des chambres de libres [aweh-wu ãkor deh schãbr-dö libr]*
für eine Nacht?	*pour une nuit [pur ün nüi]*
für eine Woche?	*pour une semaine [pur ün sömän]*
Ich habe ein Zimmer reserviert.	*j'ai réservé une chambre [schä reserveh ün schãbr]*
Wie viel kostet das Zimmer ...	*combien coûte la chambre [kombiẽ kut la schãbr]*
mit Frühstück?	*avec le petit déjeuner [awek lö pöti dehschöneh]*
mit Halbpension?	*en demi-pension [ã dömi pãsiõ]*
Kann ich das Zimmer sehen?	*est-ce que je peux voir la chambre [äskö schö pöh vuar la schãbr]*
Ich nehme das Zimmer.	*je prends la chambre [schö prã la schãbr]*
Ich möchte mich beschweren.	*je voudrais porter plainte [schö wudrä porteh plẽnt]*
funktioniert nicht	*ne marche pas [nö marsch pa]*

Essen und Trinken

Die Speisekarte bitte!	*la carte s'il vous plait [la kart sil wu plä]*
Die Rechnung bitte!	*l'addition s'il vous plaît [ladisjõ sil wu plä]*
Ich hätte gern ...	*Je vais prendre [schö wä prãdre]*
Wo finde ich die Toiletten (Damen/ Herren)?	*où sont les toilettes? (dames/ hommes) u sõ leh toalät (dam/om)]*
Kellner/-in	*monsieur/mademoiselle/madame [mösjöh/madmoasel/madam]*
Frühstück	*petit déjeuner [pöti dehschöneh]*
Mittagessen	*déjeuner [dehschöneh]*
Abendessen	*dîner [dineh]*

Einkaufen

Wo gibt es ...?	*où se trouve [u sö truw]*
Haben Sie ...?	*avez-vous [aweh wu]*
Wie viel kostet ...?	*combien ça coûte? [kombiẽ sa kut]*
Das ist zu teuer.	*c'est trop cher [sä tro schär]*
Geben Sie mir bitte 100 Gramm/ ein Kilo ...	*je voudrais cent gramme/un kilo de [schö wudrä sã gram/ẽ kilo dö]*
Briefmarken für einen Brief/ eine Postkarte nach ...	*des timbres pour une lettre/carte postale pour [deh tẽbr pur ün lettr/ün kart postal pur]*

Die wichtigsten kulinarischen Begriffe

A
à point: fast gar, »medium«
addition: Rechnung
agneau: Lamm
ail: Knoblauch
amandes: Mandeln
anchois: Sardellen (Anchovis)
andouillette: Bratwurst aus Innereien

B
beignet: Krapfen
beurre: Butter
bien cuit: durchgebraten
bière: Bier
– *pression:* vom Fass
bœuf: Ochse, Rind
bouillabaisse: Fischsuppe
brioche: lockeres Hefegebäck

C
cabillaud: Kabeljau
café crème: Kaffee mit Milch
– *liégeois:* Eiskaffee
canard: Ente
carafe d'eau: Karaffe Wasser
charlotte: Biskuit in süßer Sauce
chèvre: Ziege, Ziegenkäse
chocolat chaud: Kakao
– *liégeois:* Eisschokolade
cidre: Apfelmost
colin: Seehecht
concombre: Salatgurke
confit: Ente, Gans, Schwein in eigenem Fett eingelegt
coq au vin: Hähnchen in Wein
coquillages: Schalentiere
côte d'agneau: Lammkotelett
courgettes: Zucchini
couvert: Gedeck
crème: Sahne
– *chantilly:* süße Schlagsahne
crêpe: dünner Pfannkuchen
crevettes: Garnelen
croque-madame: überbackener Toast mit Spiegelei
croque-monsieur: Toast mit Schinken und Käse überbacken
crudités: Rohkost als Vorspeise
crustacés: Krustentiere

D
déjeuner: Mittagessen
digestif: Verdauungsschnaps
dindon: Truthahn
dîner: Abendessen

E
eau: Wasser
– *plate:* ohne Kohlensäure
– *gazeuse:* mit Kohlensäure
écrevisses: Krebse
entrecôte: Lendenstück
entrée: Vorspeise
épicé: gewürzt, scharf
escalope: Schnitzel
escargots: Schnecken

F
farci: gefüllt
foie gras: Gänseleberpastete
fraises: Erdbeeren
frit: gebacken
fromage blanc: Käse, Quark
fruits: Obst
– *de mer:* Meeresfrüchte
fumé: geräuchert

G
gâteau: Kuchen
gaufrettes: Waffeln
gigot: Lammkeule
glace: Eis
glaçons: Eiswürfel
grillade: gegrilltes Fleisch
grenadine à l'eau: Granatapfelsaft mit Wasser

H
haricots: Bohnen
herbes: Kräuter
hors-d'œuvre: kalte Vorspeise
huile: Öl
huîtres: Austern

I/J
infusion: Kräutertee
jus de fruits: Obstsaft
jambon: Schinken

L
lait: Milch
laitue: Kopfsalat
lentilles: Linsen
lièvre: Hase

M
mauresque: Pastis mit Mandelmilch
menthe à l'eau: Pfefferminzextrakt mit Wasser
mesclun: gemischter Salat
miel: Honig
moules: Miesmuscheln
moutarde: Senf
mouton: Hammel

N
noisette: Haselnuss
noix: Walnuss

O
œuf: Ei
oie: Gans
oignon: Zwiebel

P
pain: Brot
panaché: Bier mit Limo (Radler)
pastis: Anisschnaps
pâtes: Teigwaren
pâtisserie: Gebäck
pichet: Krug *(en pichet:* offener Wein*)*
pieds de cochon: Schweinsfüße
pieuvre: Krake
pigeon: Taube
pignons: Pinienkerne
piment doux: Paprika- oder Pfefferschote
pistou: Basilikumsuppe
plat du jour: Tagesgericht
poivre: Pfeffer
pommes: Äpfel
– de terre: Kartoffeln
porc: Schwein
potage: Suppe
poulet: Hähnchen
prix nets: Preise inkl. Bedienung

R
raisins: Weintrauben
rillettes: Schweinepastete
rôti: Braten

S
saignant: »englisch« gebraten
sauté: geschmort
saucisse: Würstchen
saumon fumé: geräucherter Lachs
sel: Salz
service compris: mit Bedienung
socca: Kichererbsenpfannkuchen
sole: Seezunge
sucre: Zucker
suppléments: Aufpreis

T
tapenade: Olivenpaste
tarte: Torte
tisane: Kräutertee
tournedos: Rindsfilet
tripes: Kutteln
truffes: Trüffel
truite: Forelle

V
vin rouge: Rotwein
vin blanc sec: trockener Weißwein
vinaigre: Essig
volaille: Geflügel

Y
yaourt: Joghurt

Der klassische französische Aperitif: mit Wasser verdünnter Pastis.

Nützliche Adressen und Reiseservice

Auf einen Blick

Die Côte d'Azur ist weder ein geografisches noch ein Verwaltungsgebiet, sondern eine Erfindung von 1887. Seitdem gilt der südliche Teil der Provence, zu dem heute der Küstenstreifen von Hyères bis Menton mit dem jeweiligen Hinterland zählt, als französische Riviera oder Côte d'Azur. Manche zählen sogar die Küste bis Marseille dazu.

Küstenlänge: ca. 200 km

Einwohnerzahl: 1,6 Mio.

Verwaltung: Bis zum Massif de l'Estérel ist die Côte Teil des Départements Var, bis zur italienischen Grenze des Départements Alpes-Maritimes, und zwischen Beaulieu und Menton liegt das Fürstentum Monaco.

Religion: vorwiegend katholisch

Sprache: Französisch

Bevölkerung: Viele der 1,5 Mio. Auslandsfranzosen, die nach dem Algerienkrieg zurück ins Mutterland kamen, haben sich an der Küste niedergelassen. Immigranten kommen aus Algerien, Marokko und Tunesien und machen in Städten wie Grasse bis zu 14 % der Einwohner aus. Die Küste überaltert, weil viele Franzosen sich hier zur Ruhe setzen. Immer mehr reiche Russen lassen sich in Nobelvillen der Zwanzigerjahre nieder.

Wirtschaft: Zunehmend mehr Menschen an der Küste leben, nach einem zwichenzeitlichen Einbruch in den Achtziger- und Neunzigerjahren, vom wieder wachsenden Tourismus, sodass auch die »vergessenen« Dörfer im Hinterland sich wieder beleben und davon profitieren. Mit der »Technopole« Sophia-Antipolis bei Valbonne und Kongresszentren wie in Cannes expandiert die regionale Wirtschaft nur mäßig.

Anreise

Mit dem Auto

Wer die Autobahn als schnellsten Fahrweg wählt, kann über Freiburg (oder Saarbrücken), Mulhouse, Lyon (A 7), Orange, Aix-en-Provence (A 8) an die französische Riviera fahren. Die Autobahnen sind – von Ortsumfahrungen wie Lyon abgesehen – gebührenpflichtig (»péage«). Wer einmal quer durch Frankreich fährt, muss dafür ca. 60 € veranschlagen. Bei der Autobahneinfahrt erhält man per Knopfdruck ein Ticket. Oft ist die zu zahlende Summe am Ende eines Abschnitts angezeigt, und wer genügend Kleingeld hat, wirft es in einen Trichter, und die Schranke zur Weiterfahrt öffnet sich. Andere stellen sich in die Schlange mit dem Kassierer. Das Schild »Pour tous usagers« signalisiert, dass auch Kreditkarten akzeptiert werden.

Langsamer, aber abwechslungsreich ist die Anreise über Gap, Sisteron und Grasse, die Route Napoléon (RD 6085, früher RN 85). Eine schnellere Verbindung zwischen Grenoble und Nizza entsteht schon: 30 km Autobahn zwischen Digne-les-Bain und Sisteron (A 51), und auch die Autobahn zwischen Nizza und Digne wächst weiter. Reisende aus Süddeutschland können sich der Côte d'Azur auch über die Alpen nähern (Brenner, Verona, Piacenza, Genua oder über Turin) und kommen über die A 8 nach Nizza, müssen aber für alle Transitländer (Schweiz, Österreich, Italien) Maut bezahlen.

Mit der Bahn

Am bequemsten ist die Fahrt mit dem Autoreisezug (von Mai bis Okt.) ab Hamburg und Köln nach Fréjus oder von Hamburg, Hannover, Berlin, Köln, Frankfurt/Main und München nach Avignon. Direkte Zugverbindungen gibt es von Paris.

An der Küste selbst kann man sich gut mit dem Zug bewegen. Die Regionalbahn **TER** (Service Transport Express Régional) fährt regelmäßig ab Nizza alle Städte zwischen Fréjus und Ventimiglia an. Das heißt, im Westen erreicht man Biot in 22 Minuten, Antibes in 24, Cannes in 38 und Andelieu in 14 Minuten, im Osten Villfranche/Mer in 8, Monaco in 23, Menton in 35 und Vintimille in 43 Minuten.

Mit dem Flugzeug

Flugreisen nach Nizza werden, wenn man sie einige Monate vor dem Abflugdatum plant, ab 29 € inkl. Steuern und Kerosinzuschlag angeboten. Von Hamburg, Düsseldorf, Köln, Berlin, Frankfurt, Stuttgart und München fliegt man 1,5 bis 2 Stunden und sieht dann auch schon die nahe Stadt an der Engelsbucht. Kurz sind auch die Entfernungen nach Cannes (32 km), Cagnes-sur-Mer (12 km) oder Antibes (22 km), weiter ist es nach Saint-Tropez (104 km).

Manche Fluglinien haben auch Mietwagen im Programm, sodass man gleich am Flughafen losfahren kann. Auf der Internetseite www.nice.aeroport.fr kann man sich den Flughafenplan anklicken und schon mal sehen, in welche Richtung man fahren wird. Am Flughafen starten auch Busse in alle Richtungen. Wer an der Küste bleiben will, ist schnell mit dem Zug unterwegs, muss allerdings erst vom Flughafen mit dem Bus 23 (Richtung Saint-Maurice, 1,30 €) zum Bahnhof (SNCF) fahren oder mit dem Bus 99, für den man aber schon am Schalter eine Tageskarte für 4 € kauft. Für die Fahrt mit dem Taxi in die Stadt bezahlt man 20–28 €.

Infos im Internet findet man u.a. bei www.fliegen.de, www.billig-fliegerbuchen.de, billigflieger.de.

Auskunft

Im traditionellen Tourismusgebiet an der Küste hat jeder noch so kleine Ort ein eigenes **Office du Tourisme.** In den großen Ferienorten sind diese Büros während der Hochsaison (Juli/Aug.) täglich geöffnet, sonntags meist nur vormittags. Außerhalb der Saison sollte man mit Mittagspausen rechnen. Tourismusbüros findet man auch in größeren Orten im Hinterland, in kleinen Dörfern im Rathaus (»Mairie«). In der Vor- und Nachsaison kann man dort allerdings bisweilen trotz regulärer Öffnungszeit vor verschlossenen Türen stehen.

In den Offices du Tourisme bekommt man Stadtpläne, Wander- und Fahrradkarten, häufig auch Eintrittskarten für Veranstaltungen, Museumskarten (→ S. 35) und eine Fülle von Informationen über touristische Highlights. Für die Reisevorbereitungen wendet man sich am besten an die Fremdenverkehrsämter in der jeweiligen Stadt.

Französische Fremdenverkehrsämter

In Deutschland

Maison de la France

Postfach 100128, 6001 Frankfurt/Main; Tel. 0 90 01/57 00 25, Fax 59 90 61 (jeweils 0,49 €/Min.); ww.franceguide.com

Monaco Informations-Centrum

Königsallee 27–31 W. Z. Center, 40212 Düsseldorf; Tel. 02 11/3 23 78 44, Fax 23 78 46; www.monaco-congres.de

In Österreich

Maison de la France

Lugeck 1/1/7, 1010 Wien; Tel. 09 00/ 25 00 15 (0,68 €/Min.), Fax 01/5 03 28 71; www.franceguide.com

In der Schweiz

Maison de la France

Rennweg 42, 8023 Zürich; Tel. 09 00/ 90 06 99, Fax 0 44/2 17 46 17 (0,30 €/ Min.); www.franceguide.com

In Frankreich

Für das Département Alpes-Maritimes (östl. des Estérel-Gebirgsmassifs bis zur ital. Grenze):

Comité Régional du Tourisme Riviera – Côte d'Azur
→ Umschlagkarte hinten, c 5
55, promenade des Anglais, BP 1602 – 06011 Nice Cedex 1; Tel. 04 93 37 78 78, Fax 04 93 86 01 06; E-Mail: info@guide riviera.com; www.guideriviera.com

Für das Département Var (von Hyères bis zum Estérel):
Comité Départemental du Tourisme → S. 117, D 1
1, bd. Foch, BP 99, 83003 Draguignan Cedex; Tel. 04 94 50 55 65, Fax 04 94 50 55 51; www.tourismevar.com

Für Monaco
Direction du Tourisme et des Congrès de la Principauté de Monaco → S. 52/53, nördl. e 1
2a, bv. des Moulins, Monte-Carlo, MC-98030 Monaco Cedex; Tel. 03 77/ 92 16 61 16, Fax 03 77/92 16 60 00; www.monaco-tourisme.com

Nautikpass
Mit dem Nautikpass (erhältlich beim Wassersportzentrum des Ferienortes) hat man von Mai bis September zu Vorzugspreisen Zutritt zu allen Wasser-Aktivitäten (Segeln, Hochseefischen, Para-Sailing, Wasserflugzeug, Tageskreuzfahrten). Die dem Netz »France Station Voile, Nautisme et Tourisme« angehörenden Orte garantieren qualifizierte Betreuung.
www.france-nautisme.com

Buchtipps

Das Parfüm von **Patrick Süskind** (Diogenes, 1993), seit seinem Erscheinen 1985 ein Millionenerfolg, ist mehr als ein Meisterwerk zeitgenössischer Prosa, mehr als Krimi und Sittengeschichte Frankreichs im 18. Jh.: Dem Sohn einer Fischverkäuferin wird sein absoluter Geruchssinn zum Verhängnis, der ihn in die Parfümstadt Grasse bringt. Unglaublich, wie man Gerüche beschreiben kann.

Bonjour Tristesse (Ullstein, 1957), mit leichter Hand von der damals 18-jährigen **Françoise Sagan** geschrieben, war bei seinem Erscheinen 1954 ein Skandal und ein Welterfolg zugleich, vermittelt aber heute noch als Klassiker der Region das Lebensgefühl der Riviera, das sich im Bewusstsein ihrer zahllosen Fans kaum verändert hat.

Leben mit Picasso von **Françoise Gilot** und **Carlton Lake** (Diogenes, 2002) schildert das Leben der Pariser Malerin mit dem rastlosen Genie. Gespräche mit den Künstlern ihrer Zeit an der Côte d'Azur betreffen Literatur, Kunst und die Politik der kommunistischen Partei, der Picasso 1944 beigetreten war.

Diebstahl

Mit den Touristen reisen auch Diebesbanden in den französischen Süden, und die Diebstähle aus abgestellten Autos mehren sich. Deshalb nichts sichtbar im Wagen liegen lassen, nicht einmal eine Sonnenbrille. Zugenommen hat der Überfall auf unverriegelte Autos an Kreuzungen!

Elektrizität

Wenn der Föhn (Wecker, Rasierapparat) nicht funktioniert, liegt es am Stecker. Die Stecker nach Euro-Normen passen, Schukostecker oft nicht, da braucht man einen Adapter.

Feiertage

1. Januar Neujahr
Ostermontag
1. Mai Tag der Arbeit
8. Mai Jahrestag der deutschen Kapitulation 1945 in Reims
Christi Himmelfahrt
Pfingstmontag
14. Juli Nationalfeiertag (Sturm auf die Bastille 1789)
15. August Mariä Himmelfahrt
1. November Allerheiligen
11. November Waffenstillstand 1918
25. Dezember Weihnachten

außerdem in Monaco:
26./27. Januar Fest der Schutzpatronin des Fürstentums, Ste-Dévote

18./19. November Monegassischer Nationalfeiertag

8. Dezember Fest der Unbefleckten Empfängnis

Fernsehen

In günstigeren, vor allem älteren Hotels kann man nicht damit rechnen, dass ein Fernsehgerät zur Standardausrüstung der Zimmer gehört. Ebenso wenig in »chambres d'hôte«. In Zusammenarbeit mit der deutschsprachigen »Riviera-Zeitung« strahlt **Monaco-Info** seit Februar 2006 ein deutschsprachiges Programm aus.

FKK

»Naturiste« heißt, dass im besagten Gebiet ohne Bekleidung gebadet wird. Auf der Île du Levant vor Hyères wurde schon 1932 die FKK-Kolonie Héliopolis gegründet. Der Aufenthalt mit nacktem Oberkörper ist Frauen wie Männern in Küstenorten verboten.

Geld

Seit dem 1. Januar 2002 ist der Geldwechsel für Länder, deren Zahlungsmittel der Euro ist, kein Problem mehr. Alle anderen Besucher können bei Banken, in Postfilialen und Wechselstuben Euros erhalten. Die Banken sind im Allgemeinen von Montag bis Freitag von 8.30 bis 11.45 und von 13.30 bis 16.30 Uhr geöffnet. Feiertags geschlossen.

Aus Geldautomaten (»distributeurs automatique«) ist die Versorgung rund um die Uhr möglich.

Kreditkarten (CB – »carte bancaire«, »carte de crédit«) sind durchaus gebräuchlich und werden fast immer akzeptiert. Telefonnummer für den Fall eines Verlustes (oder Diebstahls):

American Express: Tel. 01 47 77 72 00
Diners: Tel. 01 49 06 17 17
Eurocard Mastercard: Tel. 01 45 67 84 84
Visa: Tel. 01 42 77 11 90

Internet

www.franceguide.com, die offizielle Website der Maison de la France (→ S. 109), führt in der gewählten Sprache zu allen Informationen, die man braucht, und sogar zu vielen, von denen man nicht wusste, dass man sie brauchen könnte. Das braucht gelegentlich Zeit für den Aufbau. Wenn es ins Detail gehen soll, schicken Links allerdings oft auf französische Seiten, gelegentlich geht es, wenn man möchte, auch auf Englisch weiter. Unter **www.frankreich-info.de** stellt sich »Das neue Internetmagazin« mit meist überholten Informationen dar. **www.guideriviera.com** ist die offizielle Site des CRT Côte d'Azur (Französisch und Englisch), die aktuell informiert. Unter **www.mediterra.de** geht es zur Online-Ausgabe der »Riviera-Côte d'Azur Zeitung« (deutschsprachig) und der »Monaco Zeitung«.

Landkarten

Im Zuge zunehmender Dezentralisierung werden Nationalstraßen (RN) in die Zuständigkeit der Départements entlassen und zu vierstellig bezeichneten Departement-Straßen (RD), z. B. die als Napoleonroute bekannte Urlauberstraße RN 85 wird zur RD 6085

Nebenkosten in Euro

1 Café au lait	ab 2,50
1 Bier	1,60–2,80
1 Cola	0,90–2,50
1 Baguette	0,70
1 Schachtel Zigaretten	5,00
1 Liter Benzin	1,20
Fahrt mit öffentl. Verkehrsmitteln (Einzelfahrt)	1,50
Mietwagen/Tag	ab 60,00

Stand: April 2007

oder die Urlaubsstrecke RN 7 Paris–Côte d'Azur zur RD 6007. Das kann zu Irritationen bei Benutzung alter Straßenkarten führen. Wer sich nicht nur auf größeren Straßen bewegen will, sollte neben den Karten dieses Reiseführers Material in anderen Maßstäben benutzen: Für Wanderer gibt die **Fédération Française de Randonnée Pédestre** spezielle Karten für die unterschiedlichen Wandergebiete heraus. Sie werden durch Informationshefte ergänzt. Das **Institut Géographique National** (IGN) veröffentlicht Rad-, Wander- (1:25 000) und Themenkarten (zu Sportarten wie Golfen, Kajakfahren usw.). Sie sind in Frankreich in Buchhandlungen, den Maisons de la Presse und gelegentlich an Zeitungskiosken erhältlich.

Medizinische Versorgung

Zwischen Deutschland, Österreich und Frankreich besteht ein Versicherungsabkommen, das ärztliche Hilfe im Notfall garantiert. Mit dem **Auslandskrankenschein** der Krankenkasse (E 111, in Österreich SE 100-07) bekommt man bei der **Caisse Primaire d'Assurance Maladie** einen Behandlungsschein. Der Arztbesuch muss gleich bezahlt werden, auf der Rechnung muss die Diagnose vermerkt sein. Diese reicht man dann bei der heimischen Krankenkasse ein.

Apotheken (»pharmacie«) erkennt man am grünen Kreuz, Nacht- und Wochenendienste sind im Fenster oder an der Tür angegeben. Viele Medikamente sind rezeptfrei, manche auch günstiger als daheim. Sonnenschutz- und Mückenschutzmittel sowie Kosmetik und Kondome (»préservatif«) bekommt man auch in Apotheken.

Notruf

Allgemeiner Notruf (vermittelt Hilfe je nach Bedarf) **Tel. 112**
Ärztliche Hilfe, Krankenwagen (SAMU)
Tel. 15
Polizei Tel. 17
Feuerwehr, Rettung Tel. 18

Medizinische Hilfe für Touristen ist für das gesamte Gebiet Alpes-Maritimes, Personal, das mindestens Englisch spricht und denen weiterhilft, die sich im französischen Gesundheitswesen nicht zu helfen wissen, rund um die Uhr erreichbar, Tel. 04 93 26 12 70. Auf Autobahnen und an manchen Nationalstraßen kann Pannenhilfe an Notrufsäulen angefordert werden.
Pannenhilfe AIT Assistance
(24 Std., gebührenfrei) Tel. 05 08 92 22
Deutschsprachiger Notruf des ADAC
(24 Std.) Tel. 72 17 12 22 (ohne Vorwahl)
ACE (Europäischer Automobilclub)
Tel. 00 49/18 02/34 35 36

Post

Die Postämter (»bureaux de poste«) haben wie die Geschäfte in den meisten Orten unterschiedliche Öffnungszeiten. Briefmarken (»timbre-poste«, für Postkarten und Briefe bis 20 g innerhalb Europas 0,46 €) und Telefonkarten (»télecarte«) bekommt man auch im Tabakladen (»tabac« – erkennbar an der roten Zigarre neben der Tür), manchmal im Schreibwaren- oder Andenkenladen. Monaco hat eigene Briefmarken, die Tarife sind allerdings identisch.

Rauchen

Seit Verabschiedung eines Nichtrauchergesetzes 1992, das das Rauchen überall dort in der Öffentlichkeit verbietet, wo es nicht ausdrücklich erlaubt ist, wird es restriktiv gehandhabt. Raucherzonen haben mittlerweile rasant zugenommen, auf Flughäfen wie an Bahnhöfen und in Restaurants. Französische Inlandsflüge sind ausnahmslos Nichtraucherflüge.

Reisedokumente

Personalausweis oder Reisepass müssen noch drei Monate gültig, Kinder ohne eigenen Ausweis im elterlichen Pass eingetragen sein. Autofahrern wird die »Grüne Versicherungskarte« empfohlen. Das Auto muss ein Nationalitätskennzeichen tragen.

Reiseknigge

Die Frage nach einem Parkplatz empfiehlt sich, denn der ist rar. In kühlen Parkhäusern ist das Auto oft am besten aufgehoben. Da die Saison der Urlauber leider auch die der »Langfinger« ist, sollte man bei Besichtigungen nichts im Auto, noch nicht mal etwas im geschlossenen Kofferraum liegen lassen.

Das Hotelfrühstück ist meist eintönig und teuer. Im Café nebenan ist es sicher besser und auch unterhaltsamer. Wer kein teures Mineralwasser bestellen möchte, bittet um Leitungswasser: »l'eau plate en pichet«. Wer in knapper Badebekleidung in den Ort geht, muss mit Verwarnung und Geldbuße rechnen.

Reisewetter

Die Sommer an der Côte d'Azur sind nicht ganz so heiß und die Winter nicht so kalt wie im Inland. Im Schutz der Seealpen präsentiert sich das Klima meist angenehm. Aber die Zeiten ändern sich, und auch in Hyères sind schon Palmen erfroren. Der eiskalte Mistral weht bis nach St-Tropez und gelegentlich ein Stück weiter. Ab Oktober muss man mit zunehmenden Regenfällen rechnen.

Telefonieren

Ohne »télécarte« (für 50 und 120 Einheiten) geht fast nichts mehr. Man bekommt sie in der Post, im Tabak-, Schreibwaren- und Andenkenladen, eigentlich fast überall.

Alle Telefonnummern sind zehnstellig. Günstige Tarifzeiten sind Mo–Fr von 19–8, Sa ab 12 bis Mo 8 Uhr. Das Handy heißt »portatif« oder »portable«, wird auch gern genutzt und ist nicht auf bestimmte Netze begrenzt.

Vorwahlen:

D, A, CH → F: 00 33
D → Monaco: 0 03 77
F → D: 00 49
F → A: 00 43
F → CH: 00 41

Trinkgeld

Trinkgeld gibt man in der gleichen Größenordnung wie zu Hause. Allerdings ist es üblich, es nach dem Bezahlen liegen zu lassen.

Verkehrsverbindungen

Öffentliche Verkehrsmittel

Metrazur heißt der Nahverkehrszug, der bis zu 70-mal am Tag zwischen Cannes und Ventimiglia in Italien pendelt. Grasse und Nizza sind mit einer neuen Bahnlinie verbunden. Der **Train**

Entfernungen (in km) zwischen wichtigen Orten der Côte d'Azur

	Antibes	Brignoles	Cannes	Draguignan	Fréjus	Grasse	Hyères	Menton	Monaco	Nizza	St-Tropez
Antibes	–	108	11	72	48	13	125	46	31	15	82
Brignoles	108	–	96	50	65	106	50	150	140	125	83
Cannes	11	96	–	65	37	13	114	57	42	26	73
Draguignan	72	50	65	–	30	56	80	108	99	83	48
Fréjus	48	65	37	30	–	42	75	93	84	68	35
Grasse	13	106	13	56	42	–	117	58	43	27	84
Hyères	125	50	114	80	75	117	–	171	155	140	51
Menton	46	150	57	108	93	58	171	–	9	31	130
Monaco	31	140	42	99	84	46	155	9	–	16	116
Nizza	15	125	26	83	68	27	140	31	16	–	100
St-Tropez	82	83	73	48	35	84	51	130	116	100	–

de Pigne zwischen Nizza und Digne erinnert, insbesondere dann, wenn Dampfloks die Züge durch die Berge ziehen, an eine gemächlichere Zeit.

Neben den Bahnhöfen (»Gares SNCF«) lohnen auch die Busbahnhöfe (»Gares Routière«) einen Besuch, von denen man Touren ins Landesinnere unternehmen kann.

Zu den öffentlichen Verkehrsmitteln an der Küste gehört auch der »Heli«. Hubschrauber von **Héli-Transport** bringen Reisende vom Flughafen Nizza nach Monaco, Cannes und Sophia Antipolis bei Antibes. **Héli Air Monaco** unternimmt Charterflüge und fliegt Reisende nach Monaco, Saint-Tropez und Cannes (Héliport Monaco, Tel. 03 77/05 00 50).

Mit dem Auto

Von der viel beschworenen Unabhängigkeit mit dem eigenen Wagen kann zumindest in der Saison keine Rede sein. Saint-Tropez z. B. hat nur eine Zufahrtsstraße, die im Sommer außerhalb der Mittagszeit und bis zum Abendessen unabänderlich verstopft ist. Mit den Touristen reisen auch die Diebe an, die verlassene Autos bei Sehenswürdigkeiten im Blick haben. Aber es gibt reichlich Parkhäuser, zu ähnlichen Gebühren wie zu Hause. Parkscheinautomaten sind weit verbreitet. In der **zone bleue** (blau am Straßenrand markiert) darf man mit der Parkscheibe stehen, ein gelber Streifen am Straßenrand bedeutet absolutes Halteverbot. Unbedingt auf das Parkverbot an Markttagen achten!

Wer mit dem Auto ins Landesinnere fährt, trifft häufig auf schmale kurvenreiche Strecken und auf Autobusse. Wer deren Hupe hört, tut gut daran, einen Halteplatz zu suchen.

Auf französischen Autobahnen darf man bis 130 km/h fahren (bei Nässe 110 km/h), auf Schnellstraßen (zwei Spuren/Richtung) 110 km/h (bei Nässe 100), auf National- und Départementsstraßen 90 km/h (bei Nässe 80) und in Ortschaften 50 km/h. Anschnallpflicht besteht auch auf den Rücksitzen. Promillegrenze: 0,5.

Wer nicht mit dem eigenen Auto anreisen will, nutzt vielleicht die **Fly-and-drive-Angebote**, bei denen man direkt am Flughafen einen Mietwagen übernimmt. Auch die französische Eisenbahn SNCF bietet solche Kombinationen ab Zielbahnhof an. Alle bekannten Leihwagenfirmen sind in den größeren Städten und Badeorten vertreten und bieten Wochen- oder Wochenendarrangements.

Mit dem Boot

Bootsfahrten zwischen den Küstenorten und zu den Inseln werden am jeweiligen Hafen angeboten. Da das Mittelmeer aber auch ein beliebtes Segelrevier ist, verfügen die meisten Ferienorte über gut ausgestattete Häfen und zahlreiche Liegeplätze.

Mit dem Fahrrad

An Bahnhöfen und in Badeorten werden Räder aller Art verliehen (Mountainbike = »VTT, vélo tout terrain«). Die Preise liegen bei ca. 20 € pro Tag. Gruppen (Familien) sollten über den Tarif verhandeln.

Mit dem Taxi

In Nizza kostet die Taxifahrt vom Flughafen in die Stadt am Tag 20–28 €, nachts (19–7 Uhr) 25–30 €. Für die Fahrt bis Cannes muss man mit 65–70 € und nach Monaco mit 67–72 € rechnen. Tel. 04 93 13 78 78.

Zoll

Mengenmäßige Ein- und Ausfuhrbeschränkungen gibt es innerhalb der EU nicht mehr. Es muss jedoch von der Menge her erkennbar sein, dass die Waren ausschließlich für den privaten Gebrauch bestimmt sind.

Für Schweizer gilt weiterhin: 200 Zigaretten, 100 Zigarillos, 50 Zigarren oder 250 g Tabak, 1 l Spirituosen, 2 l Likör, 2 l Wein, 50 g Parfüm. Weitere Auskünfte unter www.zoll.de, www.bmf.gv.at/zoll und www.zoll.ch.

Kartenatlas

Orientierung leicht gemacht: mit Planquadraten und allen Orten und Sehenswürdigkeiten.

Legende

Routen und Touren

- Von Nizza zum Cime du Gélas (S. 94)
- Über Italien nach Tende (S. 96)
- Die Corniche d'Or (S. 97)
- Auf den Spuren der Meisterwerke (S. 98)

Sehenswürdigkeiten

- 10 MERIAN-TopTen
- 10 MERIAN-Tipp
- Sehenswürdigkeit, öffentl. Gebäude
- Sehenswürdigkeit Kultur
- Sehenswürdigkeit Natur
- Kirche; Kloster
- Schloss, Burg; Ruine
- Museum

Sehenswürdigkeiten ff.

- Leuchtturm
- Höhle

Verkehr

- Autobahn
- Autobahnähnliche Straße
- Fernverkehrsstraße
- Hauptstraße
- Nebenstraße
- Unbefestigte Straße, Weg
- Fußgängerzone
- P Parkmöglichkeit
- SNCF Bahnhof
- Schiffsanleger

Verkehr ff.

- Flughafen; Flugplatz
- Seilbahn

Sonstiges

- i Information
- Theater
- Markt
- Zoo
- Strand
- Aussichtspunkt
- Friedhof
- Nationalpark

A
B
C
1
2
3
4
Montagne de Bagaude
Boissac-Bellevue
Vérignon
St-Priest
1113
La Verdière
D30
Montmeyan
N.-D.-de-Bellevue
Aups
Couan
Ampus
D13
D22
D557
Varages
Tavernes
Fox-Amphoux
Tourtour
809
D560
D32
Sillans-la-Cascade
Salernes
Barjols
D557
Gros Bessillon
813
Les Salgues
Flayosc
Brue-Auriac
Notre-Dame
Cotignac
Bresque
Entrecasteaux
St-Antonin-du-Var
Lorgues
D560
Châteauvert
Montfort-sur-Argens
Cauron
Argens
D554
Carcès
D10
Bras
Var
D562
Lac de Carcès
Abbaye du Thoronet
Le Thoronet
Argens
Taradeau
Le Val
Carami
D13
Cabasse
Vidauban
43
E80
A8
25
40
N7
Brignoles
Parc Mini-France
Le Luc
La Celle
Camps-la-Source
43
Oppida
Le Cannet-des-Maures
D554
Besse-sur-Issole
D13
Flassans-sur-Issole
A57
Issole
Aille
La Roquebrussanne
D15
Mazaugues
Forcalqueiret
Ste-Anastasie-sur-Issole
Gonfaron
Village des Tortues
D554
D12
N.-D.-du-Figuier
Les Mayons
Néoules
Rocbaron
Carnoules
Col de Fourche
681
Cros-de
673
Méounes-lès-Montrieux
D43
Réal Martin
45
N.-D.-des-Anges
La Sauvette
779
Jas de Laure Serra
826
N97
Belgentier
Collobrières
Chartreuse Montrieux-le-Jeune
D554
Cuers
Gapeau
Pierrefeu-du-Var
Baisse du Castellas
340
Massif des
Col de Babaou
415
A57
N98
D12
Solliès-Pont
Le Revest-les-Eaux
Col de Gratte
199
La Farlède
Les Martins
Bormes-les-Mimosas
Mont Faron
507
Baudouvin
La Castille
Les Borrels
35
Les Salins d'Hyères
La-Londe-les-Maures
Réserve du Trapan
St-Cla
Le Lavan
12
A570
Hyères
TOULON
Le Pradet
Port-de-Miramar
Brégançon
Bénat
Ayguade-Ceinturon
Cabasson
Rade d'Hyères
Cap de Brégançon
Cap Blanc
Cap de Carqueiranne
Carqueiranne
Hyères-Plage
Cap Cépet
Golfe de Giens
Etang des Pesquiers
La Capte
Presqu'île de Giens
Giens
Iles d'Hyères
La Tour-Fondue
Ile de Porquerolles
Ile de Bagaud
Plage Notre-Dame
Porquerolles
Parc National de Port-Cros
Cap d'Arme
Binzart
Porto Torres
Ajaccio, Propriano
Calvi
Bastia

D
E
F
118
Var
Seillans
D563
St-Cézaire-sur-Siagne
D562
Le Tignet
Fayence
Callian
N.-D.-du-Brusc
Mouans-Sartoux
Bergemon
N.-D.-de-Cyprès
Tourrettes
Montauroux
N.-D.-de-Valcluse
N85
Mougins
Auribeau
Pégomas
Tanneron
Callas
D562
Lac de St-Cassien
St-Paul-en-Forêt
Massif du Tanneron
Cascade de Pennafort
Reyran
Mandelieu-la-Napoule
A8
Cannes
Draguignan
E80
Bagnols-en-Forêt
La Napoule
Endre
Théoule-sur-Mer
Iles
Mont Vinaigre
618
Le Trayas
496
Pic de l'Ours
Miramar
N555
Le Muy
N.-D.-de-Jérusalem
Massif de l'Estérel
Pic du Cap Roux 452
D555
A8
N.-D.-de-la-Roquette
Fréjus
Agay
Anthéor
Argens
N.-D.-de-Pitié
D7
St-Raphaël
98
Cap du Dramont
Ile d'Or
D25
Col de Gratteloup
225
St-Aygulf
Corniche de l'Estérel
Les Issambres
Plan-de-la-Tour
98
Préconil
Cap des Sardinaux
La Garde-Freinet
Ste-Maxime
Roches Blanches
536
Beauvallon
Port
Grimaud
Golfe de St-Tropez
St-Tropez
Cap de St-Tropez
98A
La Moutte
Cogolin
Pampelonne
Anse de Pampelonne
Gassin
D559
Ramatuelle
Môle
Cap Camarat
La Môle
La Croix-Valmer
Col du Canadel
267
Plage de l'Escalet
La Bastide-Blanche
Cap Cartaya
Cavalaire-sur-Mer
Le Rayol
Cap Ladier
Corniche des Maures
Ligurisches Meer
Phare du Titan
Grand-Avis
Ile du Levant
1
2
3
4
0
6 km
N
© MERIAN-Kartographie

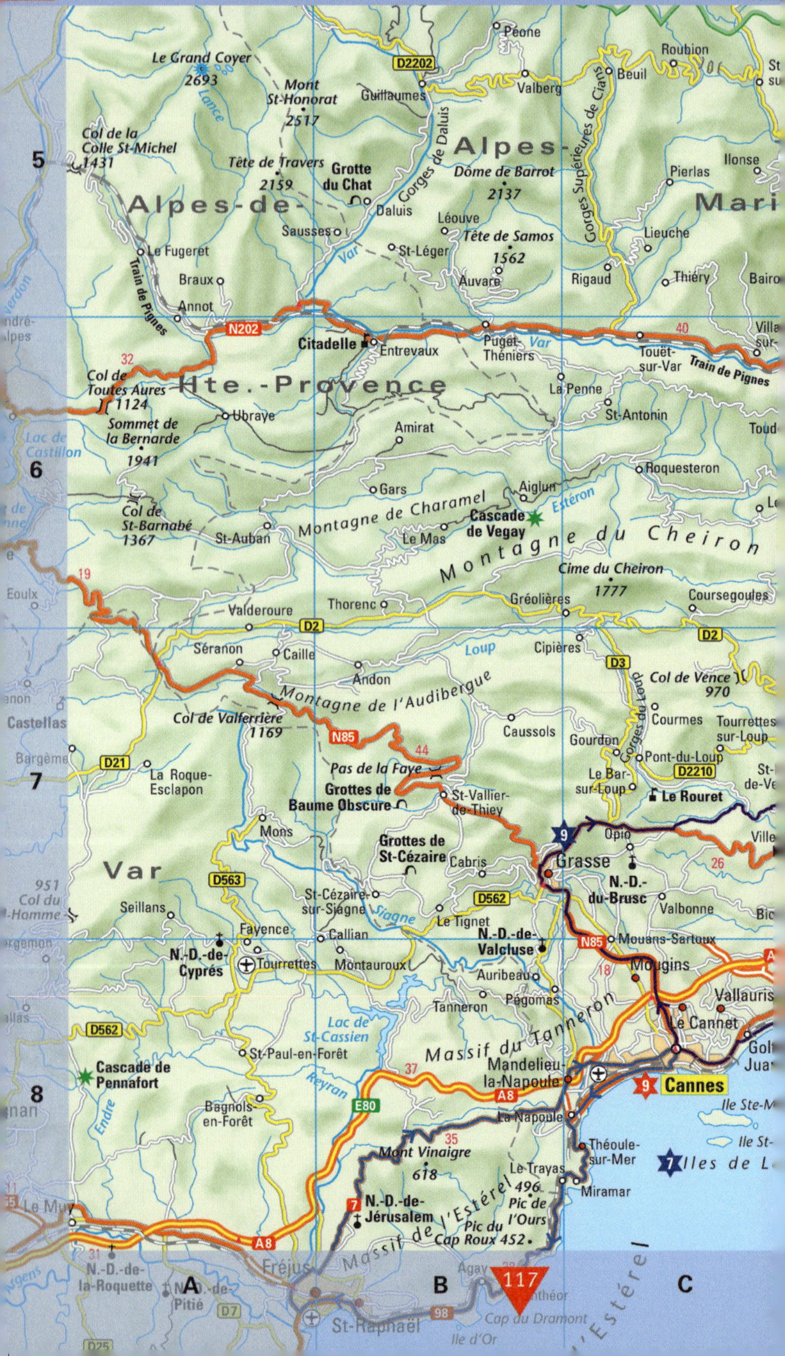
A
B
C
5
6
7
8
Isola
Le Grand Coyer
2693
Lance
Mont St-Honorat
2517
Guillaumes
D2202
Péone
Valberg
Beuil
Roubion
Col de la Colle St-Michel
1431
Tête de Travers
2159
Grotte du Chat
Gorges de Daluis
Alpes-
Dôme de Barrot
2137
Gorges Supérieures de Cians
Pierlas
Ilonse
Mari
Alpes-de-
Sausses
Daluis
Léouve
Tête de Samos
1562
Lieuche
Le Fugeret
Var
St-Léger
Auvare
Rigaud
Thiéry
Bairo
Braux
Train de Pignes
Annot
N202
Citadelle
Entrevaux
Puget-Théniers
Var
Touët-sur-Var
Train de Pignes
Villa
32
40
Col de Toutes Aures
1124
Hte.-Provence
La Penne
St-Antonin
Sommet de la Bernarde
1941
Ubraye
Amirat
Lac de Castillon
Toud
Roquesteron
Gars
Aiglun
Estéron
Col de St-Barnabé
1367
Montagne de Charamel
Cascade de Vegay
St-Auban
Le Mas
Montagne du Cheiron
Cime du Cheiron
1777
19
Eoulx
Thorenc
Gréolières
Coursegoules
Valderoure
D2
D2
Séranon
Caille
Loup
Cipières
D3
Andon
Col de Vence
970
Montagne de l'Audibergue
Gorges du Loup
Courmes
Castellas
Col de Valferrière
1169
Caussols
Gourdon
Tourrettes-sur-Loup
N85
Pont-du-Loup
Bargème
D21
La Roque-Esclapon
Pas de la Faye
44
Le Bar-sur-Loup
D2210
Grottes de Baume Obscure
St-Vallier-de-Thiey
Le Rouret
Mons
9
Opio
Grottes de St-Cézaire
Grasse
26
Var
Cabris
N.-D.-du-Brusc
951
Col du Homme
D563
St-Cézaire-sur-Siagne
D562
Valbonne
Seillans
Siagne
Le Tignet
Fayence
Callian
N.-D.-de-Valcluse
N85
Mouans-Sartoux
N.-D.-de-Cyprés
Tourrettes
Montauroux
Auribeau
18
Mougins
Pégomas
Vallauris
Tanneron
Le Cannet
D562
Lac de St-Cassien
Massif du Tanneron
St-Paul-en-Forêt
Mandelieu-la-Napoule
Cascade de Pennafort
37
Cannes
Reyran
A8
Bagnols-en-Forêt
E80
La Napoule
Ile Ste-M
Endre
35
Théoule-sur-Mer
Mont Vinaigre
618
Le Trayas
Iles de L
496
Miramar
Pic de l'Ours
N.-D.-de-Jérusalem
Le Muy
Massif de l'Estérel
Pic du Cap Roux 452
A8
31
Fréjus
Agay
N.-D.-de-la-Roquette
N.-D.-de-Pitié
117
D7
St-Raphaël
98
Cap du Dramont
D25
Ile d'Or
Estérel

D E F

Le Boréon
Madone de Fenestre
Cime du Gélas 3143
Cascade de l'Estrech
Mont Bégo 2872
Vallée des Merveilles
Tende
N204
St-Martin-de-Vésubie
St-Dalmas
D2565
Cascade du Ray
Cime du Diable 2685
St-Dalmas-de-Tende
La Brigue
Notre-Dame-des-Fontaines
Cime de Marte 2136
Cima de Coss 1677
Roya
Mont Tournairet 2085
Roquebillière
Belvédère
L'Authion 1889
Parc Nat. du Mercantour
Gorges de Saorge
Saorge
Lantosque
Vésubie
Col de Turini 1607
Moulinet 1582
Bévéra
Col de Brouis 879
Breil-sur-Roya
Pigna
La Tour
Pierre Plate 1481
Peïra-Cava
ITALIEN
Madone d'Utelle
Utelle
St-Jean-la-Rivière
D2566
Piene
Rocchetta Nervina
Duranus
Gorges de la Vésubie
Lucéram
Sospel
E74
Isolabona
Mt. Férion 1413
Col de Braus 1002
Collabassa
Dolceacqua
Nervia
Levens
Coaraze
Castillon
Berre-des-Alpes
L'Escarène
Villatella
Camporosso
Contes
Pic de Baudon 1264
Ste-Agnès
A10
Mont Cima 879
D2204
Peille
E80
Ventimiglia
Bordighera
Castagniers
Gorbio
Villa Hanbury
Carros
Tourrette-Levens
Peillon
Aspremont
Roquebrune
Var
Mont Chauve 854
Menton
Cap Martin
D19
Beausoleil
Riviera di Ponente
St-Pancrace
La Turbie
A8
Monte Carlo
N202
Èze
Monaco
Cap-d'Ail
Beaulieu-sur-Mer
Villefranche-sur-Mer
St-Jean-Cap-Ferrat
NIZZA (NICE)
Cros-de-Cagnes
Cap Ferrat
Aéroport Nice-Côte d'Azur
Baie des Anges
Côte d'Azur
Ligurisches Meer
Ajaccio
Calvi
Bastia
0 6 km
N
© MERIAN-Kartographie

5
6
7
8

D E

L
L
L'
L'
L'E
(
L'H
(
L'O
La
Fe
La B
(R
La B
(R,
La Ca
La Co
(R,
La Cr
MEF
La For
Ven

Liebe Leserinnen und Leser,
wir freuen uns, Ihre Meinung zu diesem Reiseführer zu erfahren. Bitte schreiben Sie uns, wenn Sie Berichtigungen und Ergänzungsvorschläge haben oder wenn Ihnen etwas besonders gut gefällt:

TRAVEL HOUSE MEDIA GmbH, Postfach 86 03 66, 81630 München
E-Mail: merian-live@travel-house-media.de Internet: www.merian.de

DIE AUTORIN
Dieser Reiseführer wurde von **Gisela Buddée** geschrieben, die nach einem Pädagogik- und Kunststudium als Redakteurin und Lektorin in Braunschweig und Hamburg gearbeitet hat. Seit 1994 lebt und schreibt sie als freie Autorin in Berlin. Ihre Wahlheimat ist seit 25 Jahren Südfrankreich. Für MERIAN *live!* hat sie u. a. die Bände »Provence« und »Languedoc-Roussillon« verfasst.

Bei Interesse an Karten aus MERIAN-Reiseführern wenden Sie sich bitte an:
iPUBLISH GmbH, geomatics
E-Mail: geomatics@ipublish.de

Bei Interesse an Anzeigenschaltung wenden Sie sich bitte an:
KV Kommunalverlag GmbH & Co KG
MediaCenterMünchen
Tel. 0 89 – 92 80 96 – 44
E-Mail: kramer@kommunal-verlag.de

FOTOS
Titelbild: Casino in Monte Carlo (T. Friedel/look).
Alle anderen Fotos T. Stankiewicz außer: Amme/laif 100/101; Bildagentur Huber 99; Bildagentur Huber/Belenos 97; Bildagentur Huber/Friedel 28/29, 62; Bildagentur Huber/Giovanni 24, 64; Bildagentur Huber/Gräfenhain 20, 23; Bildagentur Huber/Mader 4/5; Bildagentur Huber/R. Schmid 14; Bildagentur Huber/G. Simeone 30; Bungert/laif 33; Friedel/look 67; Gamma/laif 78; Hemispheres/laif 18; Krinitz/laif 80, 95; REA/laif 46; J. Richter/look 7, 10/11, 90; Seer/look 8; Travel Library 12

PROGRAMMLEITUNG
Susanne Böttcher
REDAKTION
Susanne Kronester
LEKTORAT UND SATZ
Ewald Tange, tangemedia, München
GESTALTUNG
wieschendorf.design, Berlin
MERIAN-QUIZ
Verónica Reisenegger (Konzept und Idee)
KARTEN
MERIAN-Kartographie
DRUCK
Appl, Wemding
BINDUNG
Auer, Donauwörth
GEDRUCKT AUF
Nopacoat Edition von der Papier Union

1. Auflage

TRAVEL HOUSE MEDIA

100 JAHRE
GANSKE VERLAGSGRUPPE

Nizza

Monaco • Cannes • Saint-Tropez

MERIAN-Tipps

Tipps und Empfehlungen für Kenner und Individualisten

1 **Hi Hotel in Nizza**
Das erste Design-Hotel am Mittelmeer ist unkompliziert und bietet in der Bio-Cantine auch Vegetarisches an (→ S. 32).

2 **Biblische Botschaft von Chagall in Nizza**
17 monumentale Gemälde des Meisters im Musée National Message Biblique (→ S. 36).

3 **Alziari in Nizza**
Ein kleiner Laden mit einer Fülle von Köstlichkeiten, die sich als schmackhafte Souvenirs anbieten (→ S. 37).

4 **Villa Rothschild**
In den Gärten des Rothschild-Anwesens kann man zusehen, wie die Gärtner den Rasen mit der Schere schneiden (→ S. 42).

5 **Café de Paris in Monte Carlo**
Ein exklusiver Sitzplatz mit Blick auf Casino, teure Karosserien und vielleicht auch prominente Nachbarn (→ S. 55).

6 **Jardin Botanique Exotique de Val Rahmeh in Menton**
Engländer legten hier Anfang des 20. Jahrhunderts eine Fülle exotischer Gärten an (→ S. 59).

7 **Îles de Lérins vor Cannes**
Nur wenige Schiffsminuten von Cannes entfernt wohnen Mönche, und der Wald riecht nach Hustenbonbons (→ S. 70).

8 **Musée Picasso in Antibes**
Als Picasso sein Atelier im ehemaligen Grimaldi-Schloss verließ, blieben 252 seiner Arbeiten dort – bis heute (→ S. 72).

9 **Musée de la Parfumerie**
Im Museum der duftenden Parfümstadt Grasse erfährt man eine Menge über die Welt der »Geruchsköche« (→ S. 75).

10 **Musée de l'Annonciade**
Georges Grammont hat seine wertvolle, 100 Jahre alte Kunstsammlung der Stadt Saint-Tropez geschenkt (→ S. 83).

← MERIAN-TopTen finden Sie auf Seite 1